(UT6795)
cl
t2.-

D1723792

693-5388 782

Klasse*!* Lektüre

Herausgegeben von
Klaus-Michael Bogdal und Clemens Kammler

Band 13

Jana de Blank und Wulf Walther

Interpretation zu Band 5 der „Harry-Potter"-Reihe

Die Seitenzahlen in Klammern beziehen sich auf folgende Ausgabe: J. K. Rowling, Harry Potter und der Orden des Phönix, Hamburg: Carlsen-Verlag 2003. Auf S. 7 des vorliegenden Bandes wurde die Umschlagillustration von Sabine Wilharm verwendet.

Bibliografische Information der Deutschen Bibliothek:
Die Deutsche Bibliothek verzeichnet diese Publikation in der Deutschen Nationalbibliografie; detaillierte bibliografische Daten sind im Internet über <http://dnb.ddb.de> abrufbar.

1. Auflage 2004
Druck   09   08   07   06   05   04
Die letzte Zahl bezeichnet das Jahr des Drucks.

Umschlagkonzept: Mendell & Oberer
Typografisches Gesamtkonzept: Almut Richter
Lektorat: Ruth Bornefeld, Birgit Kaltenegger
Herstellung: Verlagsservice Dr. Helmut Neuberger
& Karl Schaumann GmbH, Heimstetten
Satz: jürgen ullrich typosatz, Nördlingen
Druck und Bindung: Appl, Wemding

ISBN 3-486-**80813**-3

Inhalt

1 Basisinformation

Joanne K. Rowling

Harry Potter und der Orden des Phönix
Aus dem Englischen von Klaus Fritz

Verlag: Carlsen Verlag, Hamburg
Erscheinungsjahr: 2003
Preis: € 28,50 (im Jahr 2004)
Jahrgangsstufe: 7/8
   (mit Additum für Klasse 9)
Gattung: fantastische Jugendliteratur

Thematik
- Identitätssuche und Persönlichkeitsentwicklung
- Adoleszenz
- Kampf zwischen Gut und Böse
- Heldenbild, Heldentum und Starkult
- Freundschaft und Feindschaft
- Gemeinschaft und Gesellschaft
- Schul- bzw. Internatsleben
- Zauberei/Magie/Fantasie

Empfehlung
- Erarbeiten und Trainieren von Techniken der Strukturierung während der Lektüre einer umfangreichen Ganzschrift
- Projekt-, Gruppen- und Freiarbeit, Organisation, Durchführung und Bewertung eines Projekts, Präsentation von Ergebnissen
- Bewusstmachen unterschiedlicher Lesarten bzw. Leseschwerpunkte, Themen und Motive; vergleichendes Lesen
- Bezug zu altersgemäßen, lebensweltlichen Problemen
- Auseinandersetzung mit gesellschaftlichen Fragestellungen

- Hinterfragen von vorurteilsgesteuerten und ideologisch geprägten Verhaltensweisen
- Gestaltendes Interpretieren trainieren

Zusammenfassung des Inhalts

Die HARRY-POTTER-Romanfolge (Bände I bis IV)

Harry Potter wächst bis zu seinem elften Geburtstag bei der Schwester seiner Mutter, Petunia Dursley, und deren Familie auf. Bis zu jenem Tag glaubt Harry, dass seine Eltern ein Jahr nach seiner Geburt bei einem Autounfall ums Leben gekommen sind. Doch dann erfährt er, dass sich alles ganz anders verhält.

Er ist ein Zauberer, seine Eltern waren ebenfalls Zauberer und wurden von Voldemort, einem der schlimmsten Magier aller Zeiten (HP I, S. 62 f.), getötet. Harry selbst hat den Anschlag als Baby überlebt, er trägt seitdem eine blitzförmige Narbe auf der Stirn; und zwar an der Stelle, an der ihn Voldemorts Fluch getroffen hat. Auf geheimnisvolle Art kehrte sich der Versuch Voldemorts, Harry bei dem Anschlag ebenfalls zu töten, jedoch gegen ihn selbst und entzog ihm Macht, Kraft und Körper. Voldemort wurde durch diese Niederlage zwar geschlagen, aber nicht endgültig vernichtet.

Parallel zu und verbunden mit der scheinbar normalen Welt (Primärwelt), in der zum Beispiel die Dursleys leben, existiert die Zaubererwelt (Sekundärwelt), die einerseits durch sehr ähnliche Strukturen und Muster geprägt ist wie die Welt der Muggel (der Nicht-Zauberer), andererseits aber sehr fantastische Züge trägt und in der gewisse Gesetzmäßigkeiten des normalen Alltags nicht zu gelten scheinen.

Harry wird in das Zauberinternat Hogwarts aufgenommen und dort in den Disziplinen der Magie unterrichtet und ausgebildet. In Hogwarts findet er Freunde und – im Gegensatz zu seinem bisherigen Leben bei den Dursleys – Geborgenheit und Anerkennung. Diese neue Welt stellt Harry aber auch vor erhebliche Schwierigkeiten und Herausforderungen: Harry ist aufgrund seines Triumphs über Voldemort bereits als 11-Jähriger eine Legende, eine mythische Figur. Jede Hexe und jeder Zauberer kennen seinen Namen und seine Geschichte. Diese

Rolle als Teil seiner Identität zu verstehen und zu akzeptieren, fällt Harry schwer, zumal er selbst weniger über Harry Potter zu wissen scheint als alle anderen.

Seine besondere Rolle fordert von ihm immer wieder ein besonderes Verhalten. Die Bedrohung durch Voldemort ist nämlich keinesfalls gänzlich gebannt: Bereits im ersten Band der Reihe erfahren die Leser/-innen, dass Voldemort noch existiert und nach einem Weg sucht, wieder zu körperlicher Existenz, zu Unsterblichkeit und zu Macht zu gelangen. Harry scheint einer der wenigen zu sein, der dieser Bedrohung etwas entgegensetzen kann, und Voldemort sucht die Konfrontation mit Harry immer wieder aufs Neue.

Jeder der bisher erschienenen Bände – die Reihe ist auf sieben Romane angelegt und ein Band entspricht einem Schuljahr in Hogwarts – konfrontiert Harry auf andere Weise mit der Herausforderung, das Böse zu erkennen und zu bekämpfen. In HARRY POTTER UND DER STEIN DER WEISEN bemächtigt sich Voldemort des Körpers von Professor Quirrell, der in Harrys erstem Jahr in Hogwarts Verteidigung gegen die dunklen Künste unterrichtet. Mit dem Ziel, Unsterblichkeit zu erlangen, versucht Voldemort mithilfe Quirrells, den Stein der Weisen in seinen Besitz zu bringen. In letzter Minute gelingt es Harry, diesen Plan zu vereiteln.

HARRY POTTER UND DIE KAMMER DES SCHRECKENS erzählt, wie Voldemort – mittels eines magischen Tagebuchs – als Erinnerung – Ginny, die Schwester von Harrys bestem Freund Ron, zum Werkzeug seiner Vorhaben macht und es ihm beinahe gelingt, als körperliches Wesen zurückzukehren. Wieder kann Harry im letzten Moment Voldemorts Pläne durchkreuzen und Zaubererwelt und Schule ein weiteres Mal retten.

Der dritte Roman der Reihe, HARRY POTTER UND DER GEFANGENE VON ASKABAN, legt den Schwerpunkt weniger auf eine erneute Konfrontation mit Voldemort, sondern auf vergangene Ereignisse: die Schulzeit von Harrys Eltern und deren Freunden und Feinden, den Aufstieg von Voldemort und die Organisation seiner Macht, die Ereignisse vor und nach dessen Sturz. Darüber hinaus werden in diesem Band wichtige neue Figuren eingeführt: Professor Remus Lupin (wie sich im Laufe des Buches zeigt, ist er ein Schulfreund von Harrys Eltern und ein Werwolf) und Sirius Black, Harrys Pate, der Gefangene von Askaban, mutmaßlicher Mörder und Anhänger Voldemorts, dessen Unschuld sich erst ganz am Ende des Romans herausstellt. Voldemort selbst tritt in Band III nicht in Erscheinung, dafür aber einer seiner Getreuen, der Todesser Peter Pettigrew, der, totgeglaubt, jahrelang in Gestalt von Rons Haustier, der Ratte Krätze, im Verborgenen gelebt und sich so der Strafe seiner Verbrechen entzogen hat.

In Band IV dagegen – Harry Potter und der Feuerkelch – steht der direkte Kampf gegen Voldemort wieder im Zentrum. Voldemort erreicht eines seiner Ziele: In einer ausgesprochen düsteren Szene (Cedric, einer der Mitschüler Harrys, stirbt dabei) am Ende des Romans ersteht er wieder auf und verwickelt Harry in ein Zauberduell. Es gelingt Harry zwar, Voldemort zu entkommen, allerdings überlebt auch Voldemort den Kampf. Albus Dumbledore, der Direktor von Hogwarts und angeblich der einzige Zauberer, den Voldemort jemals gefürchtet hat (HP I, S. 63, 284; HP V, Kapitel 36), ruft aufgrund dieser Entwicklungen all diejenigen wieder zusammen, die bereits vor Voldemorts erster Niederlage gegen die Bedrohung durch diesen Zauberer gekämpft haben – den Phönixorden.

Harry Potter und der Orden des Phönix

Wie jeder der vier Vorgängerbände setzt auch Band V einige Wochen vor Beginn des neuen Schuljahres ein. Harry lebt in den Ferien nach wie vor bei den Dursleys und muss Vernachlässigung, Spott und Verachtung seiner Verwandten ertragen. Das größte Ziel im Leben der Dursleys besteht darin, möglichst ‚normal' zu sein; einen Zauberer, einen ‚Freak', eine ‚Abnormalität' wie Harry können und wollen sie nicht als Familienmitglied akzeptieren (HP I, S. 61). Harry versucht vergeblich, Informationen über die Situation in seiner Welt, der Zaubererwelt, nach der Rückkehr Voldemorts zu erhalten. Weder seine Freunde noch Dumbledore berichten ihm Neuigkeiten, auch die Nachrichtenorgane der Muggelwelt melden keine besonderen Vorkommnisse.

Weil Harry in einer lebensbedrohlichen Situation seine Zauberkräfte außerhalb der Schule einsetzt, wird er vom Zaubereiministerium beinahe aus Hogwarts ausgeschlossen. Eine Delegation von Hexen und Zauberern, Mitglieder des neu formierten Phönixordens, befreit Harry aus dem Haus der Dursleys und bringt ihn in das Hauptquartier des Ordens, wo sich auch Harrys Freunde Ron und Hermine bereits aufhalten. Harry muss sich einer ministeriellen Anhörung unterziehen und nur aufgrund der Fürsprache Dumbledores kann Harrys Schulverweis gerade noch abgewendet werden.

Zurück in Hogwarts muss Harry feststellen, dass die Medien der Zaubererwelt dafür gesorgt haben, dass die meisten Hexen und Zauberer Voldemorts Rückkehr und somit eine akute Bedrohung bezweifeln. Harry und Dumbledore wurden und werden in den Medien, die offensichtlich unter dem Einfluss des Zaubereiministeriums stehen, als geistig verwirrt und geltungssüchtig diffamiert.

Geradezu alltäglich wirkende Aspekte des Erwachsenwerdens wie Sozialisation, Rebellion gegen Autoritäten, erste Liebe, Zukunftsängste und Schule stehen in diesem Band im Mittelpunkt. Ebenso zentral sind Themen wie Harrys Identitätssuche, Identifikations- bzw. Vaterfiguren, Tod, Verlust, Erinnerung, Manipulation, Gesellschaftsstrukturen und Elitenvorstellungen, Widerstand, die Bedeutung von Entscheidungen, Verantwortung für das eigene Handeln und der Kampf zwischen Gut und Böse. Auch wenn Voldemort am Ende wieder einmal geschlagen werden kann, handelt es sich auch hier nicht um einen endgültigen, sondern lediglich um einen temporären Sieg – einen Sieg um einen hohen Preis: Harrys Pate Sirius Black stirbt im Kampf.

Schließlich erfahren die Leser/-innen gemeinsam mit Harry, worin die geheimnisvolle Verbindung zwischen Harry und Voldemort besteht: Dumbledore berichtet von einer Prophezeiung, die Voldemort zum Anschlag auf Harry (und auf seine Eltern) bewogen hat und laut welcher einer der beiden Zauberer am Ende den anderen töten *muss* (HP V, Kapitel 37).

Didaktische Relevanz

Neben dem Aspekt der Leseförderung – hier eilt der HARRY-POTTER-Romanfolge ein nahezu paradigmatischer Ruf voraus – bietet die Lektüre von HARRY POTTER UND DER ORDEN DES PHÖNIX die Möglichkeit, die Lesekompetenz der Schüler/-innen zu trainieren. Die Vielschichtigkeit der Lesarten, der Themenkomplexe und literarischen Motive regt zum vergleichenden Lesen sowohl auf intra- als auch auf intertextueller Ebene an und bildet über diesen Roman hinaus eine Grundlage für die Lektüre anderer Werke.

Wichtige Texterschließungs- und Textgliederungstechniken (Zusammenfassung, Inhaltsangabe, Exzerpt) können im Rahmen der Behandlung dieser umfangreichen und komplexen Ganzschrift ebenso geübt werden wie der kreative, produktions- und handlungsorientierte Umgang mit einem literarischen Text. Vielfältige Anlässe zu Partner-, Gruppen- und Projektarbeit fördern das selbstständige Arbeiten der Schüler/-innen und ermöglichen das Erarbeiten unterschiedlicher, für den späteren Lektüreunterricht grundlegender Analyse- und Interpretationsverfahren.

Anhand der lebensnahen und altersgerechten Thematik dieses Romans lassen sich für die Lebensgestaltung der Schüler/-innen relevante Fragestellungen erarbeiten und die Leser/-innen werden darüber hinaus zum kritischen Umgang mit Texten angeregt.

2 Systematische Textanalyse

2.1 Zentrale Lesarten

Wie die vier Vorgängerbände kann auch HARRY POTTER UND DER ORDEN DES PHÖNIX als **fantastischer Roman** gelesen werden. Bei etlichen Texten der fantastischen Literatur entwickelt sich das Geschehen in einer gleichsam autarken, hermetischen und in sich schlüssigen fantastischen Welt. Tolkiens Romantrilogie DER HERR DER RINGE sowie deren Vorgeschichte DER KLEINE HOBBIT und Terry Pratchetts SCHEIBENWELT-Romane sind prominente Vertreter dieser Art. Im Gegensatz dazu setzen andere Texte zwei oder mehr zum Teil nebeneinander liegende, zum Teil miteinander verwobene Welten oder Ebenen als Handlungsraum voraus. So sind zum Beispiel E. T. A. Hoffmanns Erzählungen, die ALICE-Romane Lewis Carolls, Michael Endes DIE UNENDLICHE GESCHICHTE und die HARRY-POTTER-Romanfolge dieser zweiten Kategorie zuzurechnen.

Durch Vergleiche mit anderen fantastischen Romanen können die Schüler/-innen die Besonderheiten der Zwei-Welten-Struktur in den HARRY-POTTER-Romanen herausarbeiten.

Die **zwei Welten** in HARRY POTTER, die Welt der Muggel (der Nicht-Zauberer) und die Zaubererwelt, existieren einerseits parallel zueinander, andererseits finden immer wieder Berührungen und Übergänge zwischen diesen beiden Welten statt. Besonders augenfällig ist die **Ähnlichkeit der Strukturen**, die jede dieser Welten prägen. Zwar scheinen in der Zaubererwelt gewisse Gesetzmäßigkeiten des Alltags außer Kraft gesetzt – Aufhebung der Schwerkraft, Verwandlungen und Zeitreisen sind für Hexen und Zauberer durchaus möglich (vgl. Highfield 2002) –, dennoch ist sie bezüglich ihrer Regeln und Mechanismen organisiert wie die Welt der Muggel. Dem Brecht'schen V-Effekt ähnlich ermöglicht diese Spiegelung u. a. einen demaskierenden Blick auf die Charakteristika von Bildungssystem, Sozialstrukturen, politischer Organisation, Freizeit- bzw. Vergnügungsangeboten sowie auf das Verhalten der in der Gesellschaft der realen Welt beheimateten Individuen.

Die Zaubererwelt der HARRY-POTTER-Romanfolge verbindet nicht nur Komponenten der realen Welt mit einer Fantasy-Welt, sondern enthält auch märchen- und sagentypische Elemente sowie Merkmale der Gattung Heldenepos. In HARRY POTTER UND DER ORDEN DES PHÖNIX treten zwar bestimmte märchenhafte Züge, die vor allem den ersten Band der Reihe, HARRY POTTER UND DER STEIN DER WEISEN, geprägt haben, etwas in den Hintergrund, dennoch bilden Märchen wie ASCHENPUTTEL, GOLDMARIE UND PECHMARIE und FRAU HOLLE eine Ebene der wesentlichen Prä- oder Paralleltexte.

Immer stärkere Bedeutung im Laufe der Romanfolge gewinnen im Gegensatz dazu jedoch Strukturen, Thematik und Motive der Sage und der Heldenepik. HARRY POTTER UND DER ORDEN DES PHÖNIX macht explizit, was die Leser/-innen der ersten vier Bände vermutlich immer vorausgesetzt haben: Harry ist dazu bestimmt, als Held das Böse in Gestalt von Lord Voldemort zu bekämpfen. Sein Schicksal, so die Prophezeiung Sybill Trelawneys, ist es, Voldemort entweder zu töten und damit das Böse zu besiegen oder selbst durch die Hand Voldemorts getötet zu werden – was wiederum einen Sieg des Bösen bedeuten würde. Bemerkenswert ist dabei, dass – jedenfalls bis zum Ende des fünften Bandes – keinerlei Hinweis auf eine das Schicksal Harrys bestimmende höhere Macht gegeben wird, wie es sowohl im antiken Epos als auch in mittelalterlicher Heldendichtung in der Regel der Fall ist.

Auch wenn in den Bänden II bis V die Schilderung des Unterrichtsgeschehens in den verschiedenen Fächern, die in Hogwarts unterrichtet werden, einen verhältnismäßig geringeren Raum einnimmt als im ersten Band, ist eine der zentralen Lesarten in HARRY POTTER UND DER ORDEN DES PHÖNIX auch die eines **Schul- bzw. Internatsromans**. Mit zunehmendem Alter der Protagonisten verschiebt sich der Fokus innerhalb dieser Lesart weg von der teils amüsanten, teils detektierenden Beschreibung einzelner Unterrichtsstunden – die jeweiligen Fächer, deren Inhalte und Lehrer sind inzwischen bekannt. Im Zentrum stehen nun die Interaktion der Personen im Internat, die Darstellung (konfliktreicher) sozialer Konstellationen und die Auseinandersetzung mit Regeln, Mechanismen und Hierarchien innerhalb des Systems Hogwarts. Gesellschaftliche und ideologische bzw. politische Aspekte rücken immer mehr in den Blickpunkt. Neben die als ungerecht empfundene Behandlung durch Lehrkräfte, neben Gruppenbildung und (sportliche) Rivalität tritt die explizite Auflehnung gegen bestimmte Hierarchien und Autoritäten, auch gegen die Einflussnahme auf das schulische Leben durch Maßnahmen des Zaubereiministeriums. Die bereits in den ersten vier Bänden angelegten Polarisierung gesellschaftlicher, ideologischer und politischer Positionen innerhalb der Schülergruppen wird fortgesetzt.

> Harry Potter und der Orden des Phönix bietet viele Möglichkeiten und Ansätze um an die lebensweltliche Realität der Schüler/-innen anzuknüpfen.

> Die dritte zentrale Lesart, nämlich die des **Bildungs- und Entwicklungsroman**, bildet eindeutig den Schwerpunkt in Harry Potter und der Orden des Phönix.

Mittlerweile fünfzehn Jahre alt, befindet sich Harry in einer Phase zwischen Kindheit und Erwachsenenleben – in der Pubertät. Mit nahezu klischeehafter Genauigkeit porträtiert Rowling den Fünfzehnjährigen und seine Freunde in dieser Entwicklungsphase. Erste Verliebtheit, Rebellion gegen Regeln und Hierarchien, pessimistische Weltsicht, Auseinandersetzungen mit nahe stehenden Personen, Loslösung von Kindheitsidealen, Nachdenken über Vergangenheit und (schulische und berufliche) Zukunft – all das sind Aspekte, die Harry kontinuierlich beanspruchen. Zwar musste Harry schon in sehr frühem Alter ausgesprochen schwierige Situationen bewältigen (bereits in Band I wurde er vor Aufgaben gestellt, die teilweise sehr schwierig für den jungen Zauberer waren (HP V, S. 982)), aber Harrys Wissen um die Verantwortung, die er bei all seinen Entscheidungen und Handlungen für sich und für sein Umfeld trägt, wird zur expliziten Herausforderung in diesem Band.

Immer wieder gerät Harry in Situationen, in denen er zwischen Alternativen wählen muss. Der Kampf zwischen Gut und Böse findet so gesehen keinesfalls ausschließlich außerhalb seiner Person statt, und Harry wird immer wieder in Versuchung geführt, immer wieder vor Entscheidungen gestellt: Ist

Ohnmacht das Gegenteil von Macht? Heiligt der Zweck die Mittel? Der heranwachsende Protagonist muss den Umgang mit Macht und Verantwortung lernen und seine Erkenntnisse in seinem Verhalten und in seinen Handlungen umsetzen.

2.2 Romanstruktur: Erzählsituation, Handlungsstruktur, Raumkonstellationen

Wie bereits die Vorgängerbände umfasst dieses 38 Kapitel starke, über 1000 Seiten lange Buch den Erzählzeitraum von einem Jahr: vom Beginn der Sommerferien Harrys bis zum Ende des folgenden Schuljahres in Hogwarts.

Die Ereignisse in Harrys fünftem Schuljahr im Zauberinternat werden chronologisch in teils personalem, teils auktorialem Gestus erzählt.

Bei der Lektüre aller HARRY-POTTER-Bände sollten die Leser/-innen immer bedenken, dass ihnen das Geschehen aus Harrys Sichtweise vermittelt wird. Eindrücke und Urteile im Text sind also keineswegs immer als neutrale Schilderungen zu verstehen und müssen immer wieder einer kritischen Betrachtung unterzogen werden. Hier machen der Protagonist Harry Potter und die Rezipient/-innen eine ähnliche Erfahrung: Dieselben Ereignisse, dieselben Personen werden aus unterschiedlicher Sicht sehr unterschiedlich wahrgenommen, eingeordnet und bewertet. Gemeinsam mit Harry (und dem Erzähler) erkennen die Leser/-innen, dass zum Beispiel Albus Dumbledore, James Potter und Sirius Black nicht immer unantastbare, unfehlbare Helden sind, sondern dass sie auch inkonsequent und fragwürdig handeln bzw. gehandelt haben.

Ein personaler Erzähler schildert keine neutralen Tatsachen, er wertet. Die Schüler/-innen lernen, Erzählhaltungen und -motivationen zu erkennen und einzuordnen.

In den Erzählfluss sind diverse andere Erzählsituationen integriert:

- Mitglieder des Phönixordens berichten und erzählen von Ereignissen, die in der Vergangenheit (zum Teil vor Harrys Geburt) stattgefunden haben.

- Ron und Hermine schildern die Vorgänge im Hauptquartier des Ordens während Harrys Abwesenheit.
- Sirius spricht über Harrys Vater und dessen Verhalten während der gemeinsamen Schulzeit.
- Diverse Medienorgane berichten und diffamieren.
- Harry *sieht* in Severus Snapes Bewusstsein und Snapes bzw. Dumbledores Denkarium, einer Art *Erinnerungsbecken*, Episoden aus Snapes Vergangenheit.
- Dumbledore berichtet von Sybill Trelawneys Prophezeiung.

Harry muss lernen, die jeweiligen Erzählinstanzen und -situationen zu verstehen, ihre jeweilige Motivation zu erkennen und das Erzählte entsprechend einzuordnen und zu bewerten.

Die **Handlungsstruktur** von HARRY POTTER UND DER ORDEN DES PHÖNIX ist – obwohl chronologisch aufgebaut – ausgesprochen komplex. Je weiter die HARRY-POTTER-Reihe fortschreitet, desto mehr Ereignisse und Geschehensabfolgen werden bei den Leser/-innen als ein die Welt des Harry Potter konstituierendes, gleichsam ‚kanonisches Wissen' abgerufen. Eine chronologische Darstellung dieser Ereignisse findet sich in Material 7 dieses Bandes. Es fällt auf, dass Rowling in diesem Band wesentlich weniger erklärt und wesentlich mehr als bekannt voraussetzt als in den Bänden III und IV.

Ein Lesetagebuch sowie das Erstellen von Personenlisten und Zeitleisten erleichtern den Überblick über den komplexen Gesamttext.

Während das Schuljahr in Hogwarts, äußerlich strukturiert durch die gewohnten Einschnitte, abläuft – es gibt Ferien, Feiertage, Prüfungen, Quidditch-Spiele etc. –, entwickeln sich gleichzeitig folgende Parallelhandlungen:
- Harrys Albträume und ‚Visionen' sowie die Okklumentik-Stunden mit Professor Snape als Reaktion darauf,
- die Nebenhandlung um Hagrid und seinen Bruder Grawp,
- Harrys Kontakte mit seinem Paten Sirius,
- die schrittweise, systematische Demontage Dumbledores (und anderer Lehrer) durch das Zaubereiministerium,
- die Geschichte jeweils von Luna Lovegood und Neville Longbottom. Besonders gegen Ende des Buches, in den Kapiteln 33 bis 36, überschlagen sich die Ereignisse geradezu, – hier ist extreme Aufmerksamkeit bei der Lektüre gefordert.

Wie schon in den vorherigen Bänden werden folgende Handlungsstränge in HARRY POTTER UND DER ORDEN DES PHÖNIX wieder aufgenommen und fortgeführt:

- Remus Lupin, einer der wichtigsten Charaktere in HARRY POTTER UND DER GEFANGENE VON ASKABAN, taucht als Mitglied des Ordens wieder auf, ebenso Rons Bruder Bill.
- Die Lehrerin für Wahrsagen, Sybill Trelawney, wird als Figur und Handlungsträgerin weiter entwickelt, ebenso die Eltern von Neville Longbottom.
- Gilderoy Lockhart, der Verteidigung-gegen-die-Dunklen-Künste-Professor aus HARRY POTTER UND DIE KAMMER DES SCHRECKENS, begegnet Harry wieder.
- Arabella Figg, Harrys alte Nachbarin, bisher nur beiläufig erwähnt, bekommt eine größere Bedeutung.
- Das Geheimnis der scheinbar ohne Antriebsmechanismen fahrenden Hogwarts-Kutschen wird gelüftet.
- Cho Chang, die Freundin von Cedric Diggory, der am Ende des vierten Bandes vom Todesser Peter Pettigrew in Voldemorts Auftrag getötet wird, spielt jetzt als Harrys erster ‚Schwarm‘ eine größere Rolle.
- Darüber hinaus erfahren Harry und die Leser/-innen mehr über die Rolle der Dursleys sowie Dumbledores Entscheidung, Harry nach dem Tod seiner Eltern bei jenen Verwandten in Obhut zu geben.
- Die Familiengeschichte der Blacks (und der Malfoys) wird aufgedeckt und etliche neue Charaktere werden eingeführt: Mitglieder des Ordens, Mitarbeiter des Zaubereiministeriums, ein weiterer Hauself, Schülerinnen und Schüler, die in den Vorgängerbänden nur beiläufig erwähnt wurden (s. u.).

Des Weiteren wird im fünften Band noch deutlicher als bisher dargestellt, wie nah Muggel- und Zaubererwelt räumlich beieinander liegen bzw. wie stark beide Welten einander berühren. Folgende Möglichkeiten der Übergänge und der Berührung beider Welten haben die Leser/-innen bisher kennen gelernt:

- das Gleis 9 3/4 auf dem Londoner Bahnhof King's Cross
- die Kneipe *Der Tropfende Kessel* in London mit ihrem Durchgang zur *Winkelgasse.*

- Muggel nehmen Handlungen der Hexen und Zauberer bzw. Phänomene der Zaubererwelt wahr:
  - die Freudenfeiern nach Voldemorts Niederlage (HP I, S. 11, 15),
  - die Präsenz von Hexen/Zauberern sowohl in ihrer menschlichen Gestalt (HP I) als auch in verwandelter Form (HP I, HP III) sowie z. B. von Post-Eulen (HP I, S. 10),
  - ungewöhnliche Vorkommnisse wie das fliegende Auto von Mr. Weasley (HP II, S. 83),
  - das manchmal auffällige Verhalten von Hexen/Zauberern in der Muggelwelt (HP II, HP III, HP IV),
  - Muggel kommen durch Hexen/Zauberer zu Schaden oder sogar zu Tode (HP III, HP IV).
- Hexen/Zauberer nutzen Elemente der Muggelwelt:
  - Verzauberung (und Nutzung) von Gegenständen (HP II),
  - Nutzung der Muggel-Medien für bestimmte Zwecke (HP III),
  - Nutzung von Gebäuden/Plätzen (HP I, HP IV)
- direkte Verbindungen durch Geburt von Hexen/Zauberern in Muggelfamilien bzw. Familien, deren Mitglieder z. T. Muggel sind (Lily Evans, Hermine Granger, Seamus Finnigan, Tom Vorlost Riddle)
- Muggel geraten unbeabsichtigt in die Zaubererwelt hinein (HP IV) und kommen dabei zu Schaden/werden getötet (HP III).

Alle diese Möglichkeiten der Berührungen und Übergänge finden sich in intensivierter Form in HARRY POTTER UND DER ORDEN DES PHÖNIX wieder:

- Zu Beginn des Bandes versucht Harry – mangels Kontakt zur Zaubererwelt während der Ferien – verzweifelt (und vergeblich), den Medien der Muggel Informationen über die Vorgänge in *seiner* Welt nach der Rückkehr Lord Voldemorts zu entnehmen (HP V, Kapitel 1).
- Dementoren, Wächter des Zaubergefängnisses Askaban, greifen Harry und seinen Cousin Dudley mitten im Wohnviertel der Dursleys an (HP V, Kapitel 1).
- Im Anschluss daran stellt sich heraus, dass Petunia Dursley wesentlich mehr über die Zaubererwelt weiß, als Harry und

die Leser/-innen bisher angenommen haben (HP V, Kapitel 2).

• Das Zaubereiministerium, das Zauber-Krankenhaus St. Mungos-Hospital sowie das Hauptquartier des Phönixordens befinden sich mitten in Muggel-London. Die Zugänge zu diesen Gebäuden funktionieren nach demselben Prinzip wie die zu Gleis 9 3/4, zum *Tropfenden Kessel* und zur *Winkelgasse*: Nur Hexen und Zauberer können die Eingänge *sehen* und durch sie von der Muggelwelt in die Zaubererwelt übertreten bzw. Muggel in die letztere mitnehmen.

• Einige Muggel befinden sich aufgrund eines unbeabsichtigten Kontaktes mit der Zaubererwelt als Patienten im St.-Mungos-Hospital (HP V, S. 575).

2.3 Figuren und Figurenkonstellationen

Wichtige Charaktere werden in Band V eingeführt (bzw. nach beiläufiger Erwähnung wesentlich ausgebaut):

• Mitglieder des Phönixordens: Arabella Figg, Nymphadora Tonks, Kingsley Shaklebolt, Mundungus Fletcher, Sturgis Podmore u. a.;

Der Phönixorden arbeitet im Spannungsfeld von Gut und Böse als organisierte Widerstandsgruppe.

• Mitarbeiter des Zaubereiministeriums: Dolores Jane Umbridge (gleichzeitig neue Verteidigung-gegen-die-dunklen-Künste-Lehrerin in Hogwarts);

• Personen in Hogwarts: Lehrer: Dolores Umbridge (s. o.), der Zentaur Firenze (bekannt aus HP I, S. 279 ff.) als neuer Lehrer für Wahrsagen; Schüler: Luna Lovegood (Ravenclaw), Marietta Edgecombe (Ravenclaw), Zacharias Smith (Hufflepuff);

• dunkle Hexen/Zauberer bzw. Todesser: Bellatrix Lestrange, Antonin Dolohov;

• nicht-menschliche Wesen: Kreacher (Hauself der Blacks), Grawp (Hagrids Bruder), die Thestrale (geflügelte Pferde, die für die meisten unsichtbar sind).

Es wird für Harry und die Leser/-innen immer problematischer zu entscheiden, wer zu den Guten gehört und wer zu den Bösen, wem man glauben und vertrauen kann und wem nicht:

- Mitglieder der Familie Black werden eindeutig als Anhänger der dunklen Seite identifiziert (HP V, Kapitel 6);
- Harry beginnt, an der Person Albus Dumbledores zu zweifeln;
- Das Zaubereiministerium wird endgültig als unglaubwürdig und gefährlich demontiert;
- Selbst Sirius und Harrys Vater James werden so dargestellt, dass auch negative Aspekte ihrer Persönlichkeiten zum Ausdruck kommen und Harry genötigt ist, diese Figuren kritischer zu betrachten als bisher (HP V, besonders Kapitel 28).

2.4 Identität und Identitätssuche

Zentrale Aspekte der HARRY-POTTER-Romanfolge sind Harrys Suche nach seiner Identität, die Frage nach seiner Rolle und seinen Aufgaben in der Gesellschaft und seine Auseinandersetzung mit den Erwartungen, die aufgrund seiner Biografie an ihn gestellt werden.

Als Hagrid, der Wildhüter von Hogwarts, Harry in Band I davon in Kenntnis setzt, dass er in Hogwarts aufgenommen worden ist, weiß Harry nichts von seiner Identität als Zauberer (HP I, S. 58 ff.) oder über die Geschichte seiner Familie bzw. die Umstände, unter denen seine Eltern ums Leben gekommen sind (HP I, S. 61 ff.). Der berühmte Zauberer-Junge Harry Potter, die in der Zaubererwelt legendäre Erlösergestalt, der Junge, der lebt – dies ist für den Harry Potter, der bei den Dursleys aufgewachsen ist, fremd. Er erfährt erst nach und nach Einzelheiten über diese *Person*, kann sie aber zunächst nicht zu sich selbst in Beziehung setzen, geschweige denn als ein Teil seiner Identität erkennen und akzeptieren: Der Harry Potter, den die Zaubererwelt als Berühmtheit kennt, ist für ihn eine *andere* Person, ein Name außerhalb seiner selbst (HP I, S. 106).

Im Verlauf der Geschehnisse der ersten vier Bände hatte Harry Gelegenheit, gewisse, ihm bis zu seinem elften Geburtstag nicht bekannte Aspekte seiner Identität kennen zu lernen und sich mit ihnen vertraut zu machen. Er hat sich daran gewöhnt, ein Zauberer zu sein, er weiß, wie seine Eltern ums Leben gekommen sind, er kennt die Gefahren, die ihn und seine Welt bedrohen. Er weiß also innerhalb eines gewissen Rahmens, wer Harry Potter ist – und dass er dieser Harry Potter ist (HP V, S. 221), wie seine zaubernde Umwelt ihn sieht und was sie von ihm erwartet. Allerdings ist sein Wissen um seine Identität nach wie vor lückenhaft, denn wesentliche Informationen werden ihm immer wieder vorenthalten (HP I, S. 324; HP II, S. 343; HP III, S. 70 ff., S. 212 ff., S. 439).

Die Prophezeiung Sybill Trelawneys

So erfährt Harry erst am Ende seines fünften Jahres in Hogwarts, worin genau die Verbindung zwischen ihm und Voldemort besteht und was seine Rolle dabei war, ist und sein wird bzw. sein kann. Dumbledore berichtet ihm von einer Prophezeiung, die bezeichnenderweise die bisher als inkompetent dargestellte Lehrerin für Wahrsagen, Sybill Trelawney, vor Harrys Geburt und vor Voldemorts Anschlag auf Harrys Familie gemacht hat. Die Prophezeiung lautete folgendermaßen:

Der Antagonist von Lord Voldemort wird ein Junge sein, der Ende Juli Geburtstag hat und dessen Eltern Voldemort dreimal Widerstand geleistet haben. Er wird die Kraft haben, Voldemort zu vernichten. Voldemort wird diesen Jungen angreifen und ihn mittels eines Zeichens als ihm ebenbürtig markieren. Dieser Junge wird eine Kraft oder Macht besitzen, die Voldemort nicht innehat und die er nicht kennt. Einer der beiden wird schließlich den anderen töten (müssen), denn keiner der beiden kann bei fortdauernder Existenz des anderen (über)leben.

Dumbledore war dabei, als die Prophezeiung ausgesprochen wurde, und hat sie für das Zaubereiministerium dokumentiert. Ein Anhänger Voldemorts war ebenfalls anwesend, konnte aber entdeckt und entfernt werden und war daher lediglich in der Lage, Lord Voldemort den ersten Teil der Vorhersage zu melden. Voldemort erkannte, dass eine Gefahr für ihn von diesem Jungen ausgehen würde, war sich aber nicht bewusst, dass seine Reaktion – der Anschlag auf Harry (und dessen Familie) – erst die Erfüllung der weiteren Aspekte der Prophezeiung auslösen würde.

Ironischerweise hätte die Beschreibung (Geburtstag Ende Juli; Eltern, die Voldemort dreimal entkommen sind) zum Zeitpunkt der Prophezeiung ebenso auf Harrys Klassenkameraden Neville Longbottom zutreffen können. Voldemorts Entscheidung Harry anzugreifen hat also Harry Potter als Voldemorts Antagonisten erst definiert (HP V, S. 987 ff.).

Abgesehen von dem geradezu klassischen Dilemma oder tragischen Konflikt, den Trelawneys Prophezeiung enthält *(Töte und besiege das Böse oder werde getötet und das Böse gewinnt.)*, bedeutet das Wissen um Erwartungen der Gesellschaft an eine Person selbstverständlich keinesfalls, dass die betreffende Person in der Lage ist, diese ihr zugewiesene Rolle und die damit verbundene Verantwortung zu akzeptieren. Harry hat in den Bänden I–IV zwar vieles über sich, seine Geschichte und die mit seiner besonderen Rolle verbundenen Aufgaben gelernt und diese Aufgaben im Kampf gegen Lord Voldemort/das Böse auch immer wieder wahrgenommen (und mehr oder weniger erfolgreich erfüllt). Er weiß außerdem, dass man nicht einfach zur guten oder zur bösen Seite gehört, sondern dass es immer wieder auf bewusste Entscheidungen ankommt (explizit: HP II, S. 343). Die bisher geschilderten Ereignisse haben Harry aber ebenso gezeigt, dass Gut und Böse nicht immer eindeutig zu erkennen sind, und er hat erfahren, dass die Entscheidung, sich auf die Seite des Guten zu stellen und das Böse zu bekämpfen, immer wieder neu getroffen werden muss.

> Die Prophezeiung stellt Harry vor ein Dilemma und wird für seine weitere Entwicklung eine wichtige Rolle spielen.

> Die Wahl zwischen Gut und Böse fordert immer wieder bewusste Entscheidungen.

Harry erkennt, dass auch die Vertreter der augenscheinlich guten Seite Fehler und Schwächen haben und dass die Mittel, die er und die anderen einsetzen, um ihre Ziele zu erreichen, durchaus fragwürdig sein können und sich von den Verhaltensweisen und Methoden Voldemorts zum Teil nur wenig unterscheiden (HP V, S. 468; S. 950 f.: Harry wendet einen der Unverzeihlichen Flüche an).

Am Ende des Bandes V hat Harry zwar einerseits zu einem

großen Teil verstanden (HP V, S. 1004), dass er aufgrund seiner Biografie eine Person mit besonderen Merkmalen ist und ihm daher eine besondere Rolle zukommt. Andererseits stellt Rowling Harrys Suche nach seiner Identität nicht als abgeschlossen dar. Wie Harry mit seiner neu gewonnenen Erkenntnis umgehen wird, ob er seine Identität und seine anscheinend daran gekoppelte Bestimmung akzeptieren kann, welche Entscheidungen er in Bezug auf die Prophezeiung treffen wird und welche Handlungen daraus resultieren, bleibt offen.

Entwicklung von Selbstbewusstsein
Wesentlich reflektierter als noch in den ersten vier Bänden nimmt Harry sich und seine Umwelt wahr. Er handelt verantwortlich als Mitglied der Gesellschaft, als er die Leitung einer (geheimen) Schülergruppe übernimmt, die Verteidigung gegen die dunklen Künste trainiert, um für die erwartete Konfrontation mit Voldemort vorbereitet zu sein. Als jemand, der im Kampf gegen Voldemort bereits Erfahrungen gesammelt hat, ist Harry in der Lage, seine Mitschüler in dieser Disziplin zu unterrichten. Die Szenen, in denen die Autorin Harry in dieser Position beschreibt, zeigen ihn als einen zwar gelegentlich aufgrund der für ihn noch ungewohnten Lehrerrolle unsicheren, aber immer selbstbewusster werdenden Fünfzehnjährigen. Anfänglich von einigen Mitgliedern der Gruppe noch mit Skepsis betrachtet, gelingt es ihm, Autorität zu entwickeln und verantwortlich anzuwenden. Er ist stolz auf die Erfolge seiner *Schüler* und auf seine Leistungen als ihr Lehrer und *Anführer* (Kapitel 18 und 21, besonders S. 534).

Die Rolle als Anführer einer Gruppe nimmt Harry auch im Ernstfall wahr: Gemeinsam mit Ron, Hermine, Ginny, Neville und Luna begibt er sich ins Zaubereiministerium um den vermeintlich von Voldemort und seinen Todessern gefangen gesetzten Sirius zu retten. Die Gruppe der Jugendlichen agiert zwar als Team, dennoch ist Harry derjenige, der die Entscheidungen trifft und die Richtung vorgibt (HP V, Kapitel 33–36).

Gespiegelt wird Harrys (neues) Rollenverhalten in der Schlussszene des Romans: Harry geht seinen

Durch seine Rolle als Leiter einer Schülergruppe gewinnt Harry Selbstbewusstsein und Vertrauen zu sich selbst.

Verwandten voraus, als diese ihn am Ende des Schuljahres am King's Cross-Bahnhof abholen (HP V, S. 1021).

(Angst vor) Identitätsverlust

Eine sehr plastische Metapher für die Angst vor Identitätsverlust führt Rowling bereits in HARRY POTTER UND DIE KAMMER DES SCHRECKENS ein: Tom Riddle (alias Lord Voldemort) ergreift mittels eines magischen Tagebuchs von Ginny Weasleys Bewusstsein Besitz und veranlasst so ihren Körper dazu, für ihn, der ja noch körperlos ist, zu handeln. Im Prinzip wird diese Metapher schon in HARRY POTTER UND DER STEIN DER WEISEN angedeutet. Dort bemächtigt sich Voldemort des Körpers von Professor Quirrell.

Etwas Ähnliches geschieht mit Harry in HARRY POTTER UND DER ORDEN DES PHÖNIX. Lange Zeit leidet Harry unter sich wiederholenden Albträumen. Er träumt Dinge, die Voldemort sagt oder tut und erlebt sie in seinen Träumen mit. Als sich die Träume zu verändern beginnen und er anfängt, Situationen aus Voldemorts Perspektive wahrzunehmen, zieht Dumbledore daraus den Schluss, dass Voldemort versucht, in Harrys Bewusstsein einzudringen. Von einer anderen Person in dieser Art besessen zu sein, kommt einem totalen Identitätsverlust gleich. Um Konsequenzen zu verhindern, ordnet Dumbledore an, dass Professor Snape Harry Unterricht in Okklumentik erteilt, einer Technik, die es einer Person ermöglicht, ihr Bewusstsein gegenüber solchen Versuchen zu verschließen.

Während des Kampfes im Zaubereiministerium gelingt es Voldemort dennoch, für eine kurze Zeit Harrys Bewusstsein und damit auch seinen Körper vollständig einzunehmen und zu kontrollieren. Harry empfindet sich selbst in diesem Moment als tot, sein Ich, seine Identität als ausgelöscht (HP V, S. 957). Zum Glück für Harry hält dieser Zustand aber nur einige Momente an (HP V, S. 958).

2.5 Erwachsenwerden

Die zentrale Lesart aller bisher erschienenen Bände der HARRY-POTTER-Romanfolge ist die des Bildungs- und Entwicklungsromans (vermutlich wird sich diese Tendenz in den folgenden Bänden fortsetzen). J. K. Rowling erzählt die Geschichte eines zwar in gewisser Hinsicht außergewöhnlichen, in vielen Aspekten aber ganz normalen Jungen auf seinem Weg von der Kindheit (in HARRY POTTER UND DER STEIN DER WEISEN ist Harry zehn Jahre alt) bis zum Erwachsenenalter (am Ende des siebten Bandes wird er sein achtzehntes Lebensjahr fast vollendet haben, vorausgesetzt, er lebt am Ende des siebten Bandes noch).

Harry ist während seiner Entwicklung allen Herausforderungen und Schwierigkeiten des Erwachsenwerdens ausgesetzt:
- Er muss sich der Auseinandersetzung in Bezug auf seine Herkunft stellen (und sich als Pflegekind, das bei Verwandten aufgewachsen ist, mit den Fragen beschäftigen: „Woher komme ich? Was sind meine Wurzeln? Wer bin ich?"). Hier liegt die Abwandlung einer entwicklungspsychologisch klassischen Phase der Identitätsfindung vor: Dabei stellen Kinder in Frage, dass die Personen, die als ihre Eltern auftreten, tatsächlich ihre leiblichen Eltern sind, und stellen sich vor, dass sie in Wirklichkeit zu einer anderen, *besseren* Familie gehören (häufig werden Eltern als Berühmtheiten oder andere bedeutende Personen, z.B. Königsfamilien, imaginiert), in der sie ein anderes, besseres Leben führen könnten (Oerter 1998). Texte mit vergleichbarer Thematik: Astrid Lindgren, MIO, MEIN MIO; Dagmar Chidolue, LADY PUNK.
- Er muss sich in seiner (neuen) Umgebung, dem Zauberinternat Hogwarts, sozialisieren und mit Gleichaltrigen (peer groups) umgehen.
- Harry erprobt seine Fähigkeiten und Fertigkeiten in Wettkampfsituationen (Hauspokal, Quidditch, Trimagisches Turnier, Schach).
- Er muss sich mit Autoritäten (Lehrern und Lehrerinnen, äl-

teren Schülern, Vertretern des Zaubereiministeriums, Mitgliedern des Phönixordens, Mrs. und Mr. Weasley, Sirius Black) auseinander setzen.

• Gelerntes und Erfahrungen muss Harry in Beziehung zu seiner Person bringen und auf neue Situationen übertragen.

• In der Beziehung zu Cho Chang erlebt er erste Verliebtheit.

• Er sucht nach seiner Identität und versucht, seine Rolle in der Gesellschaft zu definieren, zu verstehen und zu akzeptieren (s. o.).

In der englischen Originalausgabe fällt am Ende des Romans in diesem Zusammenhang zum ersten Mal das Wort „man". (Klaus Fritz übersetzt „man" an dieser Stelle mit „Mensch" (HP V, S. 1004).) Harry erkennt und versteht – so der personale Erzählerkommentar –, dass er ein „marked man" ist. Zwar ist die Entwicklung Harrys in HARRY POTTER UND DER ORDEN DES PHÖNIX keinesfalls auch nur annähernd abgeschlossen, aber er hat sich deutlich weiterentwickelt.

Rowling stellt Welt-/Umwelt-Wahrnehmung und Verhalten der sich in der Pubertät befindenden Jugendlichen realitätsnah und glaubwürdig dar (besonders amüsant: HP V, S. 538 ff.).

Harrys beinahe durchgängig pessimistische Weltsicht spiegelt sich im Leseeindruck, der bei der Lektüre von HARRY POTTER UND DER ORDEN DES PHÖNIX entsteht, wider: Der fünfte Roman der Reihe ist noch um einiges düsterer als HARRY POTTER UND DER FEUERKELCH (und dort nimmt der Roman mit dem Tod Cedric Diggorys und der Auferstehung Voldemorts ein sehr dramatisches Ende). Nur wenige lustige oder fröhliche Situationen werden geschildert; ironische, parodistische, karikierende Darstellungen gewinnen größeres Gewicht. Besonders in den Bänden I bis III hat Rowling die Technik des *comic relief* noch intensiv eingesetzt. Schon Band IV enthält bedeutend weniger derartige Szenen.

2.6 Vaterfiguren/Identifikationsfiguren

Die Auseinandersetzung mit Rollenmodellen und die Orientierung an bzw. die Abgrenzung von positiven oder negativen Vorbildern beschäftigen den fünfzehnjährigen Harry in diesem Roman besonders stark.

Harry wächst bei den Dursleys im Prinzip ohne positives männliches Rollenmodell auf. Frauen(figuren) haben in Harrys Leben bisher eine eher untergeordnete Bedeutung. Zwar erfahren er und die Leser/-innen in HARRY POTTER UND DER ORDEN DES PHÖNIX mehr über Lily Potter und darüber, welche Rolle Petunia Dursley in Harrys Leben spielt und warum – Harry sieht zum ersten Mal die Schwester seiner Mutter in ihr (HP V, S. 50). Darüber hinaus führt Rowling mit Dolores Umbridge und Bellatrix Lestrange zwei Frauengestalten ein, die faktisch großen Einfluss auf Harry und seine Entwicklung nehmen. Aber von Harrys Seite fand bisher keine Reflexion, keine wirkliche Auseinandersetzung in dieser Hinsicht statt.

Sein Onkel Vernon ist ein Mensch, den Harry ausschließlich negativ wahrnimmt: **Vernon Dursley** misshandelt ihn psychisch und physisch (Harry wohnt anfangs in einer Abstellkammer unter der Treppe und bekommt nicht ausreichend zu essen), sperrt ihn ein, verbietet ihm den Kontakt zu Ron und Hermine oder ignoriert ihn bestenfalls. Über seinen Vater **James Potter** besitzt Harry zunächst so gut wie keine Kenntnisse.

In der Zaubererwelt hingegen stehen gleich mehrere Figuren zur Verfügung, die die Position einer männlichen Identifikationsfigur einnehmen könnten.

Rubeus Hagrid, der Harry in der Muggelwelt abholt und in die Zaubererwelt begleitet, wird von Harry nicht als Vaterfigur wahrgenommen. Zwar ist Hagrid eine sehr wichtige Person in Harrys Leben und Entwicklung, nimmt aber eher die Rolle eines *kleinen, großen* Bruders ein, auf den Harry und seine Freund/-innen gelegentlich aufpassen müssen (HP V, Kapitel 20 und 30).

Professor **Severus Snape**, der Zaubertränke-Lehrer in Hogwarts, verhält sich gegenüber Harry streng, ja in vielen Fällen sogar ausgesprochen bösartig und unfair. Er macht sich lustig über ihn, provoziert ihn und stellt ihn vor der gesamten Klasse bloß (besonders HP I, Kapitel 8). Immer wieder gerät Harry im Lauf der Romanreihe mit Professor Snape in Konfrontation. Dennoch rettet ihm Snape das Leben (HP I, Kapitel 11 und S. 313 f.). Die Leser/-innen erfahren schon im ersten Band, dass Snape und Harrys Vater ein sehr gespanntes Verhältnis hatten, sogar einander verabscheuten (HP I, S. 315, 325); laut Dumbledore deshalb, weil James Potter Severus Snape während seiner Schulzeit aus einer lebensgefährlichen Situation gerettet hat, Snape aber damit nicht umgehen kann (HP I, S. 325).

In HARRY POTTER UND DER FEUERKELCH bestätigt sich, was Harry schon lange vermutet hat: Severus Snape war ein Todesser, ein Anhänger Voldemorts aus dem *inneren Kreis* (HP IV, S. 742). Allerdings hat er, so behauptet Dumbledore, die Seite schon vor langer Zeit gewechselt und arbeitet jetzt im Dienst des Phönixordens als Spion gegen seinen früheren Herrn.

Wesentlich größeren Einfluss auf Harrys Entwicklung als noch in den ersten vier Jahren, in denen er Harry in Hogwarts unterrichtet hat, gewinnt Severus Snape in HARRY POTTER UND DER ORDEN DES PHÖNIX. Snape ist Mitglied des Ordens und arbeitet – so vermutet man – nach wie vor als Spion für die gute Seite. Zusätzlich zu seiner Lehrtätigkeit als Zaubertränke-Professor übernimmt er auf Anweisung/Wunsch Dumbledores die Aufgabe, Harry in der Technik der Okklumentik auszubilden, die diesen gegen das Eindringen Voldemorts in sein Bewusstsein schützen soll. Während dieser heimlich abgehaltenen Privatstunden erfährt Harry viele Dinge über seinen Lehrer, die ihm bisher unbekannt waren (HP V, Kapitel 24 und 28). Bestimmte Ereignisse, die Harry in Snapes *Denkarium* beobachtet, zwingen ihn dazu, sowohl Snape als auch Sirius und seinen Vater in einem anderem Licht zu sehen. So betrachtet ist es also Severus Snape, durch den Harry die Fehlbarkeit und die negativen Charaktereigenschaften seines Vaters und seines Paten entdeckt. Das ohnehin schon äußerst gespannte Verhältnis zwischen Harry und Snape wird durch diesen Vorfall noch mehr belastet.

An verschiedenen Stellen des Buches wird erwähnt, wie sehr Harry Snape hasst (HP V, S. 977, 999 ff.), und nach den Ereignissen im Zaubereiministerium (HP V, Kapitel 33–36) macht Harry Snape verantwortlich für Sirius' Tod (HP V, S. 977 f., 999 ff.).

Die beiden ehemaligen Verteidigung-gegen-die-dunklen-Künste-Lehrer der Bände III und IV, Professor **Remus Lupin** und Professor **Alastor ‚Mad-Eye' Moody**, erfüllen jeweils für einen gewissen Zeitraum während ihrer Lehrtätigkeit die Rolle eines männlichen Rollenmodells, einer Vaterfigur für Harry. Beide tauchen in HARRY POTTER UND DER ORDEN DES PHÖNIX als Mitglieder des Ordens und als Harrys Beschützer und Ratgeber wieder auf. Die Figur des Moody ist allerdings problematisch. Am Ende von Band IV stellt sich heraus, dass es sich bei ihm, der das ganze Schuljahr über als Alastor Moody aufgetreten ist, in Wirklichkeit um den totgeglaubten Todesser Barty Crouch jr. handelt, der mithilfe des Vielsaft-Tranks Moodys Gestalt angenommen hat. Dennoch zeigt Crouch/Moody durchaus positive Verhaltensweisen. Er ist ein wichtiger Lehrer von Harry und vermittelt ihm wesentliche Kenntnisse in seinem Fach. Seine Motivation hierfür ist aber zu hinterfragen. **Remus Lupin** und **Alastor Moody** gehören zum Rettungsteam, das Harry während der Ferien aus dem Haus der Dursleys befreit und ins Hauptquartier des Phönixordens nach London bringt. Beide Zauberer versuchen auf ihre Art, Harry mit Information (HP V, S. 207 ff.), Rat (HP III, S. 162, 247 ff.; HP V, S. 787 ff.) und Tat (HP V, S. 1017 ff.) zu unterstützen. Beide übernehmen Verantwortung für Harrys Wohlergehen und kämpfen – als Mitglieder des Ordens – gemeinsam mit ihm gegen Voldemort. Bis zu diesem Zeitpunkt war die Rolle, die diese beiden Männer in Harrys Leben einnahmen, augenscheinlich jedoch eher gering.

Arthur Weasley, Rons Vater, ist die erste durchgängig positiv besetzte potenzielle Vaterfigur in Harrys Umfeld. Die Weasleys nehmen Harry in den Ferien in ihr Haus und in ihre Familie auf. Harry bekommt schon in seinem ersten Jahr in Hogwarts das typische Weasley-Weihnachtsgeschenk, einen selbstgestrickten Pullover (HP I, S. 219).

Erst in HARRY POTTER UND DER GEFANGENE VON ASKABAN erfährt Harry, dass er einen Paten hat: **Sirius Black**. Zunächst noch als Todesser, Mörder und Verräter an Harrys Familie verdächtigt, stellt sich hier Sirius' Unschuld heraus. Sie kann allerdings nicht endgültig bewiesen werden, sodass Sirius in den Untergrund gehen muss, um der erneuten Festnahme und der seelischen Exekution durch die Dementoren zu entgehen (HP III, Kapitel 20 und 21).

Von Beginn der HARRY-POTTER-Reihe an ist **Albus Dumbledore** eine Figur, die sehr großen Einfluss auf Harrys Entwicklung nimmt. Er ist derjenige, der die meisten Informationen (im Gegensatz zu den Legenden und Gerüchten, die in der Zaubererwelt kursieren) über Harry und seine Familie besitzt. Dumbledore fungiert als Harrys Beschützer (HP V, S. 980.) und Ratgeber.

Albus Dumbledore ist eine der wichtigsten Bezugspersonen für Harry in seiner Entwicklung.

Harry vertraut ihm (HP V, S. 167) und nimmt Hogwarts als sein Zuhause wahr (HP II, S. 20). Definiert man, Harrys Empfindung folgend, die Schulgemeinschaft als Familie, so liegt die Analogie Schuldirektor – Vater nahe.

Die Figur, die zweifelsohne den größten direkten Einfluss auf Harry und seine Entwicklung ausübt, ist sein Antagonist Tom Vorlost Riddle/**Lord Voldemort**. Immer wieder wird hervorgehoben, wie groß die äußerlichen Ähnlichkeiten und wie auffällig die Gemeinsamkeiten (Familiensituation, Außenseiterstellung etc.) zwischen Harry und seinem Widersacher sind (z. B. HP II, S. 326, 342 f.; HP V, S. 989). Außerdem betont Dumbledore, dass ein Teil von Voldemort bei dem Anschlag auf Harrys Leben auf diesen transferiert wurde (HP II, S. 342 f.; HP V, S. 990).

Problematisiert wird in Band V Harrys Verhältnis zu drei seiner wichtigsten (männlichen) Bezugspersonen: Albus Dumbledore, James Potter und Sirius Black. **Albus Dumbledore** verhält sich in HARRY POTTER UND DER ORDEN DES PHÖNIX auffällig distanziert gegenüber Harry. Zwar setzt er sich bei der Anhörung im Zaubereiministerium für Harry ein (HP V, Kapitel 8), aber er steht nicht mehr wie bisher als Ratgeber und Tröster zur Verfügung. Seine Handlungen und Entscheidungen sind für Harry in vielen Fällen nicht durchschaubar. Immer wieder hebt der Erzähler hervor, wie sehr Harry unter diesem scheinbaren Liebesentzug Dumbledores leidet (z.B. HP V, S.18, 146, 188, 322, 549, 550, 564). Es entsteht der Eindruck, dass das gespannte Verhältnis zu Dumbledore lange Zeit Harrys größtes, wenn auch nicht einziges Problem ist. Laut Aussage Dumbledores (HP V, Kapitel 37) liegen die Gründe für sein Verhalten einerseits in der Notwendigkeit, den Phönixorden (und sich selbst) gegen die von Voldemort ausgehende Gefahr abzusichern: Voldemort versuche, so fürchtet Dumbledore, sich Harrys Wahrnehmung und Gedanken zu bemächtigen um Einblicke in die Geheimnisse des Ordens zu erlangen. Andererseits erklärt Dumbledore seine Verhaltensweise durch seinen Wunsch, Harry selbst zu beschützen.

In einem langen Gespräch offenbart er Harry, worin tatsächlich die bisher nur angedeutete Verbindung zwischen Harry und Voldemort besteht: Er berichtet Harry von Trelawneys Prophezeiung (s.o.) sowie von deren Auswirkungen – Voldemorts Angriff auf die Potters und der dadurch entstandenen Dynamik, die das Verhältnis von Harry und Voldemort bestimmt (HP V, Kapitel 37). Dumbledore motiviert sein bisheriges Schweigen über diese Zusammenhänge mit seiner Sorge um und seiner (väterlichen) Liebe für Harry, kommt aber nicht umhin, dieses Verhalten ausdrücklich als Fehler zu diagnostizieren (HP V, S.969, 977).

James Potter und **Sirius Black** werden (besonders in Kapitel 28, in dem Harry die Vorgänge in Snapes *Denkarium* beobachtet), als strahlende Helden, als die Harry sie bisher wahrgenommen hat, demontiert und als Menschen mit Fehlern und Schwächen gezeichnet. Beide handeln oft gedankenlos und unnötig waghalsig (HP V, S.103, 203 f., 436 ff.).

Eine bittere und sehr schmerzhafte Erkenntnis für Harry ist, dass sein Vater auch unsympathische und kritikwürdige Charakterzüge besaß und sich gegenüber seinem Mitschüler Severus Snape ausgesprochen unfair und grausam verhalten hat.

Die Erkenntnis, dass sein Vater auch negative Charaktereigenschaften hatte, erschüttert Harry tief und nimmt ihm einen Teil seiner Orientierung.

Sirius Black wird in HARRY POTTER UND DER ORDEN DES PHÖNIX von seiner Cousine Bellatrix

Lestrange, einer Todesserin, während des Kampfes im Zaubereiministerium getötet.

Harry verliert mit ihm eine seiner wichtigsten Bezugspersonen und (potenziellen) Orientierungsfiguren. Zu lernen mit diesem Verlust umzugehen, ihn zu akzeptieren, zu verarbeiten und Sirius gleichzeitig nicht zu idealisieren, sondern ihn als fehlbaren Menschen zu betrachten (ähnlich dem Prozess, den Harry in Bezug auf seinen Vater durchläuft), dürfte – neben der Frage/ Entscheidung nach dem Umgang mit der Prophezeiung – die große Herausforderung für Harry in seiner näheren Zukunft sein.

Der Verlust seines Paten Sirius Black stellt eine tiefgreifende Veränderung in Harrys Leben dar.

2.7 Held/Heldentum: Rolle versus Identität

In der Figur des Harry Potter problematisiert Rowling den Heldenbegriff. Harry ist der Held der Geschichte, der Held der Medien; er muss aber erfahren, dass seine Berühmtheit sich nicht nur positiv auswirkt. Herauszufinden, ob er die Rolle eines Helden ausfüllen kann, aber auch, ob er sie überhaupt als Teil seiner Identität annehmen will, ist einer der Aspekte seiner Identitätssuche.

Harrys Rolle in der Gesellschaft der Zaubererwelt verändert sich im Laufe der Romanfolge – genau wie seine Wahrnehmung dieser Rolle und auch die Wahrnehmung seiner Identität. Über zehn Jahre lang ist in der Zaubererwelt über Harry gesprochen worden, ohne dass Harry selbst in der Lage gewesen wäre, Einfluss darauf zu nehmen, wie diese Welt über ihn spricht oder die Wahrnehmung seiner Person aktiv mitzugestalten. So ist Harry Potter bei Einsetzen der Handlung des ersten Bandes zwar eine Berühmtheit (HP I, S. 19, 58, 64, 151), eine Legende (HP I, S. 19) – also eine geradezu mythische Gestalt –, aber in keinerlei Hinsicht eine reale, lebendige Person in der Zaubererwelt. In gewissem Sinne ist die Figur Harry Potter sogar Teil der Vergangenheit. Er wurde und wird in der Zaubererwelt als Held gefeiert, aber nicht als Person wahrgenommen. Sein

Name dient als Projektionsfläche für Spekulationen, Geschichten, Gerüchte und Hoffnungen.

Die Figur des Helden Harry Potter hat verschiedene literarische Vorbilder. Die Autorin spielt mit unterschiedlichen Traditionen der Heldendichtung und lässt diverse Aspekte des Heldenkonzepts in die Gestaltung von Held Harry einfließen. Elemente des antiken Heldenepos (Achilles, Odysseus, Aeneas – prophetisches Dilemma, Irrfahrt, zielgerichtetes *fatum*) sowie mittelalterliche Heldenerzählungen werden in Harrys Geschichte angedeutet. Amüsanterweise ist es eine fiktionale Figur, der Ritter Sir Cadogan, der in HARRY POTTER UND DER GEFANGENE VON ASKABAN eine wesentliche Aufgabe des Protagonisten der Romanreihe formuliert: Harry befindet sich auf einer *âventiure* – der Bewährungsreise eines Helden.

HARRY POTTER UND DER ORDEN DES PHÖNIX markiert hinsichtlich dieses Aspekts von Harrys Identität und Rolle in mehreren Punkten eine entscheidende Wende. Die Medien, die seit dem Anschlag auf Harrys Familie und dem anschließenden Fall Voldemorts, besonders aber nach Harrys Rückkehr in die Zaubererwelt, großes Interesse an Harrys Person und Leben gezeigt haben, ändern ihre Haltung. Harry wird vom positiv besetzten Medienhelden zu einer Negativfigur. Er und Dumbledore werden vom TAGESPROPHETEN, die offensichtlich unter dem Einfluss des Zaubereiministeriums stehenden Tageszeitung (HP V, S. 116), als geltungssüchtige Verrückte dargestellt, die sich mit ihrer Behauptung, Voldemort sei zurückgekehrt, lediglich in den Vordergrund spielen und sich als Helden feiern lassen wollen (HP V, S. 92 ff., 117 f., 257 ff.).

Ähnelten Harrys Erlebnisse bisher eher einer Irrfahrt, auf der es zwar Abenteuer zu bestehen und Elemente des Bösen zu bekämpfen galt, so definiert Trelawneys Prophezeiung Harrys Bestimmung. Der Text lässt zwar offen, ob und wie Harry seine Aufgabe, sein Schicksal akzeptieren wird, aber die Prophezeiung gibt seinen Handlungen eine wesentlich stärkere Zielrichtung als bisher. Harry beginnt die Rolle, die ihm die Gesellschaft der Zaubererwelt zuweist, sowie die daran gekoppelten Erwartungen stärker zu reflektieren als in den Vorgängerbänden. Er stellt seine Fähigkeit ein Held zu sein und seine Be-

rechtigung bzw. seine Bereitschaft als solcher zu gelten mehr-
fach in Frage (HP V, S. 94, 384 ff., 990, 1001). Er hat Angst, er
zögert und zweifelt. Zwar ist er im Kampf gegen Voldemort
auch im ORDEN DES PHÖNIX zumindest zum Teil
erfolgreich (HP V, Kapitel 33 – 36), definiert sich
aber im Gegensatz zu seiner Umwelt dennoch
nicht als Held (HP V, S. 1001).

> Zögern und Selbstzweifel
> gehören zu Harrys Persön-
> lichkeitsentwicklung.

In gewissem Sinne hat er akzeptiert, dass die Gesellschaft
ihm diese Rolle zuweist, kann sie aber (noch) nicht als Teil seiner Identität verstehen. Fremdwahrnehmung und Erwartungs-
haltung von außen stimmen nicht mit der Selbsteinschätzung
Harrys überein.

2.8 Gesellschaftsstrukturen: Ideologien, Klassengegensätze, Hausrivalitäten

> Rowling entwickelt die Strukturen, nach denen die Gesell-
> schaft in der Zaubererwelt funktioniert und handelt, analog
> zu denen der Muggelwelt bzw. der realen Welt außerhalb
> ihrer Bücher.

Lucius Malfoy und seine Familie, Sirius Blacks Mutter und die
Todesser hängen der von Salazar Slytherin, dem Gründer des
gleichnamigen Hauses, begründeten Ideologie der Reinheit des
Blutes an (zentrales Thema in HARRY POTTER UND DIE KAMMER
DES SCHRECKENS). Für die Vertreter dieser Ideologie sind nur
diejenigen Hexen und Zauberer vollwertige Mitglieder der Gesellschaft, die ihre Herkunft aus reinen Zaubererfamilien her-
leiten können. Schlammblüter (Hexen/Zauberer, die in Muggelfamilien geboren werden) und Mischlinge aller Art werden
als minderwertig eingestuft und diskriminiert. Erklärtes Ziel
der Anhänger dieser Ideologie ist es, alle nicht reinblütigen Hexen und Zauberer aus der Gesellschaft auszuschließen.

Lord Voldemort, der selber ein Mischling ist (sein Vater war
ein Muggel), macht sich diese rassistische Ideologie zunutze,
um potenziellen Getreuen Identifikationspotenzial bieten zu
können und seine Macht mit ihrer Hilfe auszubauen. Er propa-

giert die Reinheit des Blutes um sich der Loyalität einflussreicher (und wohlhabender) Familien wie der Malfoys zu versichern, erklärt aber bereits in HARRY POTTER UND DIE KAMMER DES SCHRECKENS, dass das Töten von Schlammblütern nicht sein vorrangiges Ziel ist (HP II, S. 321).

Innerhalb der Zaubererwelt bestimmen neben ideologischen Differenzen auch soziale Klassengegensätze die Gesellschaftsstrukturen. Sowohl die Familie der Malfoys als auch die der Weasleys sind alte Zaubererfamilien und stehen aus ideologischer Sicht somit auf derselben Stufe, doch die Malfoys sind reich und die Weasleys arm. Sowohl Lucius als auch Draco heben diesen Unterschied immer wieder hervor und versuchen – meist erfolgreich –, Mitglieder der Familie Weasley dadurch zu provozieren (HP I, S. 120 f., HP II, S. 67, HP V, S. 185, 484 ff.).

Ideologische Differenzen, gesellschaftliche Ungerechtigkeiten und Vorurteile prägen die Gesellschaft der Zaubererwelt.

Abgesehen von diesen expliziten sozialen Unterschieden ist die Zaubererwelt von weiteren Vorurteilen und gesellschaftlichen Ungerechtigkeiten geprägt, die sich in unterschiedlicher Weise niederschlagen:

(Nicht-)menschliche Wesen werden aufgrund von Ängsten und Vorurteilen diskriminiert: z. B. Drachen, Riesen, Kobolde, Werwölfe. Hauselfen werden von alten und reichen Familien gleichsam als Sklaven gehalten. Hermine, die außerhalb der Zaubererwelt in der aufgeklärteren Gesellschaft der Muggel aufgewachsen ist, erkennt diese Ungerechtigkeit sofort und versucht, sie zu bekämpfen; Ron hingegen, der in der Zaubererwelt sozialisiert ist, nimmt diese Verhältnisse überhaupt nicht als fragwürdig, geschweige denn als ungerecht wahr.

Die Gesellschaft innerhalb des Zauberinternats Hogwarts spiegelt alle diese Gegebenheiten und Verhaltensweisen wider: Die Aufteilung der Schüler in Häuser ist typisch für das Internatswesen in Großbritannien. Professor McGonagall vergleicht in HARRY POTTER UND DER STEIN DER WEISEN die Häuser mit Familien und erklärt den Erstklässlern, dass sich ihr positives oder negatives Verhalten mittels eines Punktesystems auf ihr gesamtes Haus auswirke (HP I, S. 126 f.). Ein gewisses Maß an Rivalität zwischen den vier Häusern wird durch das Punktesystem und die Verleihung des Hauspokals sowie durch

Quidditch-Hausmannschaften, die in sportlichen Wettbewerben gegeneinander treten, gezielt gefördert. Darüber hinaus findet allerdings eine Polarisierung der Schüler der vier Häuser statt, die größtenteils aufgrund von Gerüchten und Vorurteilen besteht und, wie die Leser/-innen im Laufe der Reihe erfahren, aus ideologischen Positionen resultieren, die sich im Laufe der Schulgeschichte etabliert haben.

So wird Harry selbst relativ schnell klar, dass er nicht Mitglied des Hauses Slytherin werden will, obwohl er im Grunde so gut wie nichts über Hogwarts im Allgemeinen weiß. Sein Urteil beruht dabei auf Gerüchten (HP I, S. 89 f.), seinem persönlichen Eindruck vom potenziellen Slytherin-Schüler Draco Malfoy (HP I, S. 86 ff.) sowie seiner vorläufigen, durch diese beiden Situationen beeinflusste Meinung über die Slytherins (HP I, S. 132) – also auf Vorurteil und Pauschalisierung.

Der Sprechende Hut

Am Anfang eines jeden Schuljahres werden die Erstklässler vom Sprechenden Hut in die vier Häuser Gryffindor, Ravenclaw, Hufflepuff und Slytherin (benannt nach den vier Gründern von Hogwarts) eingeteilt. Im ersten Band charakterisiert der Sprechende Hut, der, so erfahren Harry und die Leser/-innen später (HP IV, S. 186), einst dem Gründer des Hauses Gryffindor gehörte, in einem Lied die einzelnen Häuser und ihrer Mitglieder. Erst in HARRY POTTER UND DIE KAMMER DES SCHRECKENS wird erklärt, dass die Einteilung in die Häuser einen ideologisch motivierten Ursprung hat: Salazar Slytherin hat zu Lebzeiten die Ideologie der reinblütigen Hexen und Zauberer vertreten und dadurch Uneinigkeit zwischen den Gründern herbeigeführt.

Dieser Aspekt wird im Lied des Sprechenden Huts in Band IV und in Band V vertieft (HP V, Kapitel 11, besonders S. 241–244). Hier kritisiert der Hut ausdrücklich die aufgrund dieser Einteilung entstehende Rivalität und Uneinigkeit zwischen den Häusern. Obwohl er sich des Paradoxes seiner Aussagen bewusst ist – immerhin ist er die Instanz, die die Aufsplitterung der Schülerschaft vornimmt –, warnt er die Anwesenden vor den Konsequenzen der daraus entstehenden Zwiste

und Feindseligkeiten und ermahnt die Schüler, in den bevor-
stehenden schwierigen Zeiten Einigkeit zu zeigen. Es gilt, einer
externen Bedrohung zu widerstehen, und das ist, so die Aussage des Huts, nur mit vereinten Kräften möglich.

Besonders stark scheinen Gegensatz und Rivalität zwischen
den Häusern Slytherin und Gryffindor zu sein, wobei Gryffindor prinzipiell positiv und Slytherin prinzipiell negativ dargestellt und bewertet wird. Das Phänomen beschränkt sich jedoch nicht auf diese beiden Häuser (HP I, S. 89 f.; HP V,
S. 237). Zwar erhalten die Schüler der einzelnen Häuser zum
Teil gemeinsamen Unterricht, aber anscheinend ist häuserüber-
greifende Freundschaft oder sogar Kommunikation unge-
wöhnlich (HP V, S. 466 f.). Allerdings sollten die Leser/-innen
in diesem Zusammenhang beachten, dass sowohl Harry und
seine Freunde als auch der Erzähler (aufgrund des personalen
Erzählgestus) nicht auf der Basis reiner Fakten urteilen. Die
direkten Beteiligten, die Schüler und ein Teil der Lehrer- und
Elternschaft, nehmen die Polarisierung größtenteils als gegeben hin und hinterfragen weder deren Logik und Grundlagen
noch eigene Sichtweisen und Einstellungen.

2.9 Recht und Gerechtigkeit

> In der Zaubererwelt entsprechen Recht und Gerechtigkeit
> einander nicht. Verordnungswut, unklare Rechtsgrundlagen
> und parteiische Gerichtsorgane beherrschen das Rechtssys-
> tem.

Eine der ersten Szenen in HARRY POTTER UND DER ORDEN DES
PHÖNIX zeigt Harry und seinen Cousin Dudley in einer äußerst
gefährlichen und lebensbedrohlichen Situation: Sie werden
von Dementoren angegriffen. Diese Wesen arbeiten im Dienst
des Zaubereiministeriums als Wächter des Gefängnisses Askaban, aber auch als Verfolgungstruppe, die Verbrecher jagt
(HP III), und als Exekutionskommando (ebenfalls HP III).
Durch ihre Gegenwart wird anderen Personen jegliches
Glücksgefühl entzogen, die Betroffenen hören in ihrem Inne-

ren gleichsam die Aufzeichnungen schrecklicher Ereignisse aus der eigenen Vergangenheit (HP III, HP V). Der einer Hinrichtung gleichkommende Kuss eines Dementors beraubt eine Person ihrer Seele.

Harry ist dadurch, dass er einen Gegenzauber anwenden, einen Patronus heraufbeschwören kann, in der Lage, seinen Cousin und sich selbst zu retten. Diese Handlung, die Anwendung von Magie außerhalb von Hogwarts in Gegenwart eines Muggels, bringt ihn mit einem Dekret des Ministeriums in Konflikt, das minderjährigen Hexen und Zauberern den Einsatz ihrer Fähigkeiten außerhalb der Schule verbietet (HP V, S. 37 f.). Ihm wird mit Konfiszierung und Zerstörung seines Zauberstabs sowie mit Schulausschluss gedroht. Nur das sofortige Einschreiten Dumbledores kann die erstgenannten Konsequenzen abwenden. Die Frage, ob Harry tatsächlich von Hogwarts verwiesen wird, muss in einer ministeriellen Anhörung geklärt werden.

Die Anhörung selbst (HP V, Kapitel 8) nimmt für die Mitglieder des Wizengamots, des Obersten Gerichtshofs der Zabererwelt, eine offensichtlich unerwartete Wendung, als Dumbledore plötzlich im Gerichtsraum auftaucht und Harrys Verteidigung übernimmt. Er ruft Arabella Figg, die beim Dementoren-Angriff anwesend war, als Entlastungszeugin auf und erreicht dadurch und mit dem Verweis auf eine Klausel, die die Anwendung von Magie in lebensbedrohlichen Situationen auch in der Gegenwart von Muggeln ausdrücklich erlaubt, Harrys Freispruch. Diese Situation charakterisiert das gesamte Rechtssystem der Zaubererwelt sehr treffend.

Bereits in HARRY POTTER UND DER FEUERKELCH wird Harry in Dumbledores *Denkarium* Zeuge verschiedener Gerichtsverfahren, die der Oberste Gerichtshof (Wizengamot) nach dem Fall Voldemorts gegen gefangen genommene Todesser geführt hat (HP IV, S. 608–632). Die Angeklagten werden zwar verhört, erhalten aber keinen fairen Prozess. Sirius Black wurde nach seiner Ergreifung ohne Prozess in Askaban inhaftiert (HP III) – unschuldig, wie sich zwölf Jahre später herausstellte. Auch Dumbledore soll nach der Entdeckung der geheimen Schülergruppe, Dumbledores Armee, nach Askaban geschickt werden, um dort auf seinen Prozess zu warten (HP V, S. 728). Einen solchen Prozess hat es im Fall Sirius Blacks auch nach zwölf Jahren Haft nicht gegeben.

Einerseits stellt Rowling das Rechtssystem der Zaubererwelt als schnell und effektiv agierende, andererseits aber als marode Institution dar, die ohne eindeutige rechtliche Grundlage operiert und von Verordnungswut und persönlichen Rachegelüsten der Rechtssprechenden geprägt ist. Gerechtigkeit ist von einem derartigen Rechtssystem nicht zu erwarten.

Ein aktionistisch handelnd geprägtes Rechtssystem birgt, wie Rowling vorführt, große Gefahren.

Doch auch die Vertreter der guten Seite verhalten sich keinesfalls immer gerecht. Aus der Anhörungsszene geht eindeutig hervor, dass Arabella Figg – vermutlich auf Anweisung oder zumindest auf Wunsch von Dumbledore – lügt (HP V, S. 172 ff.): Sie verwickelt sich bei ihrer Aussage über das Aussehen der Dementoren in offensichtliche Widersprüche.

Darüber hinaus werden zwar etliche mehr oder weniger schwere Fehlhandlungen von Schülern in Hogwarts geahndet, eindeutige Vergehen werden aber entweder gar nicht oder nicht angemessen bestraft, so z. B. das Verabreichen von Zaubersüßigkeiten an Dudley durch Fred und George Weasley (HP IV, S. 54–59) oder der Streich, den Sirius Snape in deren sechstem Jahr gespielt hat und der für Snape fatale Folgen hätte haben können (HP III, S. 370). Auch die allen bekannten kriminellen Aktivitäten eines Mitglieds des Ordens, Mundungus Flechters, bleiben weitest gehend ungeahndet.

Dolores Umbridge, Großinquisitorin

Auf der Grundlage dieses fragwürdigen, aber nicht hinterfragten Rechtssystems verschafft das Zaubereiministerium Dolores Umbridge eine einflussreiche Position in Hogwarts. Sie wird die neue Lehrerin für Verteidigung gegen die dunklen Künste, aus der Sicht der Schüler das wichtigste Fach in den gegenwärtigen Zeiten der Bedrohung. Eine ihrer ersten Handlungen als Mitarbeiterin von Minister Fudge ist die Überprüfung der Unterrichtsqualität der Lehrer in Hogwarts. Das Ministerium installiert Umbridge nach kurzer Zeit als Großinquisitorin von Hogwarts mit noch weiter reichenden Kompetenzen

(HP V, S. 361 f.). Durch erlassene Bildungsdekrete (HP V, S. 413 f., 487, 647, 683) die an Ermächtigungsgesetze erinnern könnten, vergrößert sie ihren Einfluss permanent. Umbridge gründet das Inquisitionskommando, eine Schülerwehr (HP V, S. 734 f.), die ihr bei der Überwachung der übrigen Schülerschaft helfen soll, und übernimmt nach Dumbledores Flucht und seiner Absetzung als Direktor die Schulleitung (HP V, S. 733).

Das Zaubereiministerium nimmt auf fragwürdige Art und Weise Einfluss auf die Belange von Hogwarts.

Schon in den Bänden I bis IV wurden zum Teil sinnlose und absurde, zum Teil sehr gefährliche Strafen für Fehlhandlungen von Schülern angeordnet. Harry muss zum Beispiel in HARRY POTTER UND DIE KAMMER DES SCHRECKENS dem eitlen Professor Gilderoy Lockhart bei der Beantwortung seiner Fanpost helfen und Ron hat die Aufgabe, die Pokale, die an Hogwarts-Schüler verliehen wurden, immer wieder zu polieren. Harry, Ron, Hermine und Draco werden in HARRY POTTER UND DER STEIN DER WEISEN damit bestraft, dass sie Hagrid auf einer sehr gefährlichen Mission in den Verbotenen Wald begleiten müssen. Urteile sind in diesem Zusammenhang keinesfalls immer gerecht, sondern Subjektivität, Willkür und persönliche Rachegelüste der Strafenden können ebenfalls als Motivation dienen.

Alle diese Aspekte kulminieren in der Strafe, die Dolores Umbridge wegen der vermeintlichen Verbreitung von Lügen über Harry verhängt. Er hatte während des Unterrichts versucht, seine Mitschüler davon zu überzeugen, dass Voldemort wirklich zurückgekehrt und die Bedrohung durch das Böse real ist. Mit einer magischen Feder, die ihm in den Handrücken ritzt und sein Blut als Tinte verwendet, muss Harry immer und immer wieder aufschreiben, dass er keine Lügen erzählen darf (HP V, Kapitel 13). Obwohl Harry ernsthafte körperliche und psychische Schäden davonträgt, weigert er sich, McGonagall oder Dumbledore von der Misshandlung durch seine Lehrerin zu berichten. Einerseits ist er nicht bereit, Umbridge die Genugtuung zu geben, dass sie ihn mit ihrer Strafe tatsächlich getroffen hat. Andererseits demütigt ihn die ganze Situation so sehr, dass er nicht einmal seinen besten Freunden offenbaren will, was in Umbridges Büro geschieht. Diese ungerechte

Scham über die Strafe Umbridges veranlasst Harry, über die Misshandlung durch seine Lehrerin Schweigen zu bewahren.

Maßnahme Umbridges bleibt also zum größten Teil unentdeckt.

2.10 Macht und Widerstand

In einer Gesellschaft, die von maroden Regierungsorganen und Blindheit gegenüber der Bedrohung durch Voldemort geprägt ist, formieren sich der Orden des Phönix und die geheime Schülergruppe, Dumbledores Armee, als Elemente des organisierten Widerstands.

Die Struktur der Regierung und die rechtlichen Grundlagen der Zaubererwelt sind größtenteils unklar. Zwar wissen die Leser/-innen, dass es ein Zaubereiministerium gibt. Die Hauptaufgabe dieses Ministeriums besteht Hagrid zufolge darin, die Existenz der Zaubererwelt vor den Muggeln geheim zu halten (HP I, S. 74). Im Laufe der Bände stellt sich heraus, dass verschiedene Abteilungen innerhalb des Ministeriums unterschiedliche Aufgaben wahrnehmen (besonders HP V, Kapitel 7) – von der Regelung von Sportveranstaltungen, der Normierung von Gegenständen über die Abwicklung von internationalen Beziehungen bis zu Polizeiarbeit. Des Weiteren existieren ja ein Gefängnis und ein Gerichtsorgan, das Wizengamot heißt und Urteile fällt. Klar ist auch, dass eine gewisse Verfügungsgewalt über die Belange von Hogwarts bei einem Schulrat liegt (HP II, S. 271). Diverse andere Elemente hat der Erzähler bisher nicht erklärt oder präzisiert. Folgende Fragen bleiben unbeantwortet:

- Wer genau hat die Rolle der Legislative inne (abgesehen von Bildungsdekreten, die die vom Ministerium in Hogwarts eingesetzte Großinquisitorin Dolores Umbridge erlässt)?
- Wie wird der Zaubereiminister bestimmt? In HARRY POTTER UND DER STEIN DER WEISEN heißt es, dass nach der Niederschlagung der ersten Schreckensherrschaft Voldemorts der Posten des Zaubereiministers Dumbledore angeboten wurde, den dieser jedoch abgelehnt hat (HP I, S. 74). In Band V mutmaßen die Mitglieder des Phönixordens, dass Cornelius

Fudge, der derzeitige Minister, Dumbledore deswegen diskreditiert, weil er befürchtet, dass Dumbledore ihn stürzen und selber Zaubereiminister werden will (HP V, S. 115 f.). Offensichtlich ist es möglich, sich für den Posten des Ministers zu bewerben (HP V, S. 116).

* Ist das Zaubereiministerium das einzige Administrationsorgan der Zaubererwelt? Auf welcher Grundlage basieren die Urteile des Gerichtshofs über die Todesser?

Ebenso unklar bleibt, welche Ausmaße die Schreckensherrschaft Voldemorts bis zu seiner Niederlage erreicht hat, welche Bereiche genau Voldemorts Kontrolle und Einfluss unterlagen und welche Ziele er nach seiner Rückkehr am Ende des vierten Bandes verfolgt.

Der Phönixorden

Eindeutig ist jedoch, dass das Zaubereiministerium, besonders der Zaubereiminister Cornelius Fugde, blind ist gegenüber der drohenden Gefahr und deshalb die große Neuigkeit abstreitet, die Harry berichtet, Dumbledore und Snape bestätigen und die durch die Aussage eines unter dem Einfluss einer Wahrheitsdroge stehenden Verbündeten Voldemorts bekräftigt wird: Voldemort ist zurückgekehrt. Für Fudge, der unter einem gefährlichen Realitätsverlust leidet, ist Voldemorts Rückkehr eine Nachricht, die nicht sein kann, weil sie nicht sein darf (HP IV, S. 735 ff.).

Vor diesem Hintergrund formiert Dumbledore den Phönixorden neu. Bereits zur Zeit von Voldemorts erster Terrorherrschaft hatten sich unter Dumbledores Führung Hexen und Zauberer dieser Untergrundbewegung angeschlossen, die sich zur Aufgabe gemacht hatte, die Bedrohung zu bekämpfen. Auch der neu formierte Orden operiert im Verborgenen: Die Mitglieder gehen weiterhin ihrer üblichen Tätigkeit nach, sie kommunizieren über geheime Kanäle (HP V, S. 974) und nutzen das Londoner Haus von Sirius Black als geheimes Hauptquartier (HP V, Kapitel 4 und 5). Als organisierte Widerstandsbewegung versucht der Phönixorden, die Pläne und Machenschaften Voldemorts in Erfahrung zu bringen und zu

Um Harry zu schützen, übernimmt Dumbledore die Verantwortung für eine von den Schülern begangene Verbotsübertretung.

durchkreuzen und vor allem Harry zu schützen. Erst als eine geheime Schülergruppe, die innerhalb von Hogwarts ebenfalls eine Art Widerstandsbewegung aufgebaut hat, entdeckt wird, geht Dumbledore in die offene Rebellion gegen das Zaubereiministerium.

Dumbledores Armee

Einige Schüler gründen auf Hermines Initiative eine geheime Gruppe, in der sie unter Harrys Leitung Verteidigung gegen die dunklen Künste trainieren. Ein Grund dafür ist die Einflussnahme des Zaubereiministeriums auf die Belange der Schule durch Dolores Umbridges und die daraus folgende Unerträglichkeit der Zustände in Hogwarts. Außerdem erkennen die Schüler, dass Umbridge ihnen durch ihren realitätsfernen Verteidigung-gegen-die-dunklen-Künste-Unterricht wichtige Fähigkeiten für den Kampf gegen Voldemort nicht vermittelt. Mitglieder von Dumbledores Armee sind Mädchen und Jungen aus den Häusern Gryffindor, Ravenclaw und Hufflepuff. Immer der Gefahr ausgesetzt, von Umbridge und der von ihr gegründeten Schülerwehr entdeckt zu werden, trifft sich die Gruppe heimlich und lernt von Harry die Zaubersprüche und Kampftechniken, die sich in seinen bisherigen Konfrontationen mit Voldemort als nützlich erwiesen haben.

Zwar hat Hermine Vorkehrungen getroffen um einer Entdeckung der Gruppe durch Verrat von innen vorzubeugen. Die Liste nämlich, auf der die Mitglieder unterschrieben haben, ist verhext (HP V, S. 416) und die Gruppe kommuniziert mittels eines dem Dunklen Mal der Todesser ähnlichen geheimen Systems (HP V, S. 467 f.). Trotzdem verrät eines der Mitglieder, Marietta Edgecombe, die Gruppe an die Großinquisitorin Umbridge (HP V, Kapitel 27). Dumbledore übernimmt die Verantwortung für die Handlungen der Schüler, wird seines Postens als Direktor von Hogwarts enthoben und soll zu einer Haftstrafe in Askaban verurteilt werden. Daraufhin kündigt er den offenen Konflikt mit dem Ministerium (nicht mit Voldemort) an und flieht in einer spektakulären Szene aus Hogwarts.

Aus dem Kampf gegen Voldemort und seine Todesser im Zaubereiministerium (HP V, Kapitel 33–36) gehen der Orden und die beteiligten Mitglieder von Dumbledores Armee nur teilweise siegreich hervor. Voldemort kann wieder einmal nicht vernichtend geschlagen werden, etliche Personen sind schwer verletzt und Sirius Black wurde im Kampf sogar getötet. Daraufhin kann Zaubereiminister Fudge seine Augen nicht länger vor den Tatsachen verschließen. Er muss Voldemorts Rückkehr bestätigen und Dumbledore wird rehabilitiert. Dieser kehrt als Direktor nach Hogwarts zurück und wird wieder in seine früheren Ämter eingesetzt. Die Leser/-innen dürfen allerdings davon ausgehen, dass der Phönixorden seinen geheimen Widerstand trotz dieser vermeintlichen Einigung fortsetzen wird.

3 Unterrichtsvorschläge

3.1 Checkliste: Voraussetzungen und Schwierigkeiten

Voraussetzungen

- Der Schwerpunkt der Unterrichtseinheit liegt in der Klasse 8 – auch möglich in den Klassenstufen 7 und 9 (vgl. dazu entsprechende Addita in der Unterrichtsreihe).

- HARRY POTTER UND DER ORDEN DES PHÖNIX ist eine ausgesprochen umfangreiche Ganzschrift und darüber hinaus ein Teil einer auf sieben Bände aufgelegten Romanreihe. Der hier skizzierte Unterrichtsentwurf ist nach folgenden Prinzipien aufgebaut, die möglichen Schwierigkeiten entgegenwirken sollen:
  - Die einzelnen Unterrichtsstunden sind als Module konzipiert. Das heißt, sie können sowohl (in der vorgeschlagenen Reihenfolge) als zusammenhängende Unterrichtsreihe gestaltet werden, funktionieren aber größtenteils, mit leichten Modifikationen, auch als separate Einheiten.
  - Die für jede Unterrichtsstunde nötigen Basisinformationen werden in knapper Zusammenfassung dargeboten.
  - Zu jeder Unterrichtsstunde werden Texte mit vergleichbarer Thematik vorgeschlagen. Das ermöglicht das Einbetten der hier ausgearbeiteten Module in andere Unterrichtsvorhaben.

- Jede/r Schüler/-in sollte eine Ausgabe des Romans zur Verfügung haben, da die Bearbeitung der textanalytischen und produktionsorientierten Aufgaben eine Textvorlage voraussetzt.

- Für die Schülergruppe sollte mindestens jeweils ein Exemplar der vorangegangenen Bände I bis IV (z. B. in der Schul- oder Klassenbibliothek) zur Verfügung stehen/einsehbar sein. Diese Bände dürfen während der Zeit, in der HARRY POTTER UND DER ORDEN DES PHÖNIX im Unterricht behandelt wird, nicht aus der Bibliothek entfernt werden, damit alle Schüler die gleichen Zugangsvoraussetzungen haben.

- Ein Lesetagebuch kann den Schülern dabei helfen, den Überblick über diese komplexe Ganzschrift zu behalten.

- Um eine bessere Orientierung innerhalb des langen Romans zu erreichen, sollten die Schüler eine Kapitelübersicht anfertigen (siehe Kap. 3.2 dieser Arbeit).

- Ebenso können zu diesem Zweck während der Behandlung im Unterricht eine Personenliste mit den wichtigsten Protagonisten dieses Romans bzw. der HARRY-POTTER-Romanfolge (siehe Kap. 5.4 dieser Arbeit) sowie eine Zeitleiste der wichtigsten Ereignisse (Mat. 7) entstehen.

- Eine präzisere Nennung und schnelleres Auffinden von Textstellen ermöglicht ein Zeilenlineal.

Mögliche Schwierigkeiten

- HARRY POTTER UND DER ORDEN DES PHÖNIX ist mit seinen 1000 Seiten eine ausgesprochen umfangreiche Ganzschrift. Zudem liegt dieser Band bisher (Stand 2004) noch nicht in einer Taschenbuchausgabe vor. Sowohl die Anschaffung als Klassensatz als auch die komplette Lektüre dieses Romans als Ganzschrift im Unterricht können aus diesen Gründen problematisch sein. Die Gestaltung der in diesem Band skizzierten Unterrichtsvorschläge arbeitet diesen Schwierigkeiten durch ihre modulare Struktur entgegen. Kopier- oder Ausleihverfahren (Klassen- oder Schülerbibliothek, gegenseitige Ausleihe) können notfalls gewährleisten, dass die direkt zu bearbeitenden Passagen allen Schülern als Textvorlage zur Verfügung stehen.

- Die Zugehörigkeit dieses Romans zu einer (auf sieben Bände angelegten) Romanreihe erschwert eine separate Behandlung. Die oben beschriebene Gestaltung der Unterrichtsvorschläge sowie grundlegende Informationen zum Band und vor allem zur gesamten Reihe antizipieren diese Schwierigkeiten.

- Die Situation, die die Lehrkraft in Bezug auf den Lese- und Kenntnisstand der Schüler in einer Klasse vorfindet, wird möglicherweise sehr disparat sein. Man wird nicht annehmen können, dass alle Schüler die ersten vier HARRY-POTTER-Bände bereits gelesen haben, aber es besteht durchaus die Möglichkeit, dass einige Schüler alle bisher erschienenen Teile der

Serie kennen. Diejenigen Schüler mit größerem Kenntnisstand sollten als Experten in die Unterrichtsgestaltung einbezogen werden. Sie können die übrigen Schüler über Textzusammenhänge, Personen oder Hintergrund informieren und weiter reichende Aufgaben übernehmen.

• Nicht jede Lerngruppe hat die Techniken freierer Arbeitsformen (z. B. Stationenlernen, projektorientiertes Arbeiten) schon ausreichend trainiert. Die in den skizzierten Unterrichtsvorschlägen angebotenen Arbeitsaufträge könnten als Lehrervortrag, Einzel- und Partnerarbeit modifiziert werden.

Mögliche Einbindung in folgende Projekte:
• Schriften (Geschichte/Entwicklung der Schrift; fremde Schriften, Geheimschriften etc.),
• Karriereplanung,
• Fantastische Literatur (und deren Verfilmungen),
• Bedeutung von Namen,
• Schulsystem in Großbritannien.

3.2 Kapitelübersicht

3.3 Stundentafel

Kernreihe für Jgst. 7 (9 Stunden)

Thema: Wer oder was ist Harry Potter?   **1. Stunde**

Ziel: Die Lehrkraft erhält einen Überblick über den Lese-
und Kenntnisstand sowie über die Interessenlage
der Lerngruppe. Die Schüler ordnen das Phänomen
Harry Potter in unterschiedliche Wahrnehmungs-
horizonte ein, strukturieren ihr Vorwissen und for-
mulieren Fragen und Erwartungen an den Text.

Basisinformationen:
Für diese Unterrichtsstunde ist kein spezielles Vorwissen nötig.

2. Stunde   **Thema:**   Harry auf der Suche nach seiner Identität
               Ziel: Die Schüler problematisieren den Begriff Persön-
                            lichkeit, Identität. Sie erkennen, dass Harry sich in
                            einer Entwicklung befindet. Er sucht dabei nach sei-
                            ner Herkunft, versucht, sich selbst zu verstehen und
                            herauszufinden, welche Rolle er in der Gesellschaft
                            spielen soll, kann und will.

Basisinformationen:
- Harry wächst als Waise bei Verwandten auf. Er ist dort uner-
  wünscht, wird sehr schlecht behandelt und gegenüber sei-
  nem Cousin benachteiligt.
- Er hat bis zu seinem elften Geburtstag so gut wie kein Wissen
  über seine Eltern oder seine Herkunft.
- Sein Leben ändert sich gravierend, als er erfährt, dass er ein
  Zauberer ist und dass seine Eltern von dem bösen Zauberer
  Voldemort getötet wurden.
- Harry ist seitdem in der Zaubererwelt eine Berühmtheit.
- Sein Pate Sirius Black wird gegen Ende des fünften Bandes
  im Kampf gegen Voldemort getötet.
- In Band V erfährt Harry, dass er durch eine Prophezeiung
  dazu bestimmt ist, Voldemort entweder zu töten oder von
  ihm getötet zu werden.

Texte mit vergleichbarer Thematik:
M. Ende, DIE UNENDLICHE GESCHICHTE; J. Krüss, TIMM THA-
LER ODER DAS VERKAUFTE LACHEN; J. D. Salinger, DER FÄNGER
IM ROGGEN; H. Melville, MOBY DICK; S. Zweig, SCHACHNO-
VELLE.

3. Stunde   **Thema:**   Held und Heldentum
               Ziel: Die Schüler erarbeiten verschiedene Aspekte des Be-
                            griffs Held im Zusammenhang mit HARRY POTTER.
                            Sie problematisieren in diesem Zusammenhang den
                            Unterschied zwischen Rolle und Identität und fra-
                            gen nach Harrys *Heldenhaftigkeit.*

Basisinformationen:
- Siehe Basisinformationen zur 2. Stunde.
- Aufgrund seiner besonderen Biografie erwartet die Zaubererwelt von Harry ein besonderes Verhalten.
- Harry hat bereits mehrere Konfrontationen mit Voldemort erfolgreich überstanden.
- Voldemort konnte bisher nicht vernichtend geschlagen werden.
- Harry ist ein erfolgreicher Sportler (Quidditch).
- Die Medien der Zaubererwelt zeigen großes Interesse an Harry. Er wird dabei sowohl positiv als auch negativ bewertet.
- Harry fällt es schwer, seine besondere Rolle zu akzeptieren; er bezweifelt, den an ihn gestellten Erwartungen gerecht werden zu können.

Texte mit vergleichbarer Thematik:
A. Lindgren, DIE BRÜDER LÖWENHERZ; J. Wassermann, DAS GOLD VON CAXAMALCA; J. F. Cooper, DER LETZTE MOHIKANER; F. Schiller, WILHELM TELL; C. Zuckmayer, DER HAUPTMANN VON KÖPENICK.

Thema:	Gesellschaftsstrukturen innerhalb von Hogwarts	**4. Stunde**
Ziel:	Die Schüler erarbeiten, dass Schule prinzipiell eine Mikro-Gesellschaft ist, und stellen Bezüge zu ihrer eigenen Lebenswelt her.	

Basisinformationen:
- Hogwarts ist ein (typisch englisches) Internat mit vier Häusern: Gryffindor, Slytherin, Hufflepuff und Ravenclaw.
- Die Häuser fungieren als Ersatz-Familien (HP I, S. 126 f.).
- Zwischen den Häusern bestehen Rivalitäten (siehe Kap. 2.8 dieser Arbeit).

Texte mit vergleichbarer Thematik:
E. Kästner, DAS FLIEGENDE KLASSENZIMMER; W. Golding, HERR DER FLIEGEN; M. Rhue, DIE WELLE; N.H. Kleinbaum, DER CLUB DER TOTEN DICHTER.

5. Stunde   **Thema:**   Rassismus und Klassengegensätze in der Zaubererwelt

Ziel: Die Schüler erarbeiten, dass die Auseinandersetzungen in der Zaubererwelt für die menschliche Gesellschaft typische Gegensätze bzw. gesellschaftliche
Fronten darstellen.

Basisinformationen:
* Es gibt *reinrassige* Zaubererfamilien und Misch-Familien
bzw. Hexen und Zauberer, die aus Muggelfamilien stammen
(Schlammblüter).
* Eine bestimmte Gruppe von Hexen/Zauberern hängt der
Ideologie der Reinrassigkeit an.
* Der Begründer dieser Ideologie war Salazar Slytherin, der
Gründer des Hauses Slytherin.
* Voldemort macht sich diese Ideologie für seine Zwecke zu-
nutze.
* Lucius und Draco Malfoy sind Anhänger dieser Ideologie.
* Innerhalb der Zaubererwelt bestehen auch soziale Gegensät-
ze (Malfoys: reich; Weasleys: arm).

Texte mit vergleichbarer Thematik:
H.P. Richter, Damals war es Friedrich; A. Frank, Tagebuch;
M. Rhue, Die Welle; A. Andersch, Sansibar oder der letzte
Grund; M. Frisch, Biedermann und die Brandstifter.

6. Stunde   **Thema:**   Macht und Widerstand I – Der Orden des Phönix
Ziel: Die Schüler erarbeiten, dass die Regierung der Zau-
bererwelt blind gegenüber der Bedrohung durch das
Böse ist. Sie erkennen Cornelius Fudge als unfähigen
Minister und den Phönixorden als Form des organi-
sierten Widerstands.

Basisinformation:
* Es gibt ein Zaubereiministerium (Organisation bisher unklar); Cornelius Fudge ist derzeitiger Minister.
* Fudge streitet ab, dass Voldemort zurückgekehrt sei, und
dementiert Harrys und Dumbledores Aussagen.

- Dumbledore wurde nach der ersten Niederlage Voldemorts der Ministerposten angetragen, aber er hat diese Position abgelehnt.
- Der Phönixorden formierte sich zum ersten Mal während Voldemorts erster Schreckensherrschaft.
- Das geheime Hauptquartier des Ordens befindet sich im Haus von Sirius Black, Grimmauldplatz 12, London.

Texte mit vergleichbarer Thematik:
G. Orwell, 1984; A. Camus, DIE GERECHTEN.

Thema:	Macht und Widerstand II – Dumbledores Armee	**7. Stunde**
Ziel:	Die Rolle von Dumbledores Armee als Beitrag zum Widerstand vor dem Hintergrund der Unerträglichkeit Umbridges wird herausgearbeitet. (Erkenntnis: Die Schule bereitet nicht auf das wirkliche Leben vor.) Die Schüler beschreiben Harrys Rolle als Anführer der Gruppe als Teil seiner Identität(sentwicklung).	

Basisinformationen:

- Dolores Umbridge erteilt rein theoretischen Unterricht. Harry und seine Freunde stufen dies als Nachteil ein, da sie nicht auf die Anforderungen des Lebens vorbereitet werden, und gründen daraufhin Dumbledores Armee als private Verteidigung-gegen-die-dunklen-Künste-Trainingsgruppe.
- Diese Gruppe kann sich nur heimlich treffen, da Umbridge im Auftrag des Ministeriums derartige Schüleraktivitäten verboten hat.
- Die Gründungssitzung findet in der Kneipe EBERKOPF statt (HP V, Kapitel 16).
- Harry übernimmt die Rolle des Anführers der Gruppe.
- Die Entdeckung von Dumbledores Armee durch Umbridge/das Ministerium (Marietta Edgecombe, ein Mitglied der Gruppe, verrät sie) führt dazu, dass Dumbledore aus Hogwarts flieht und offen gegen Fudge/das Zaubereiministerium rebelliert.

Texte mit vergleichbarer Thematik:
M. Rhue, Die Welle; N.H. Kleinbaum, Der Club der toten Dichter; G. Orwell, 1984; A. Huxley, Schöne neue Welt.

8. Stunde

Thema: Recht und Gerechtigkeit

Ziel: In projektorientiertem Verfahren erarbeiten die Schüler Aspekte von Rechts- und Gerechtigkeitsauffassungen in der Zaubererwelt. Sie erkennen, dass die Gerechtigkeit der Verordnungswut des Ministeriums zum Opfer fällt.

Basisinformationen:
- Als Dementoren, also lebensbedrohliche Wesen, ihn und seinen Cousin während der Ferien angreifen, setzt Harry seine Zauberkräfte ein um sich und Dudley zu retten.
- Die Dementoren bewachen im Dienst des Zaubereiministeriums das Zaubergefängnis Askaban.
- Schülern von Hogwarts ist die Anwendung von Magie während der Ferien strengstens untersagt.
- Harry droht aufgrund seines Vergehens der Schulausschluss und er muss sich in einer Anhörung vor einem ministeriellen Ausschuss verteidigen.
- Dumbledore tritt als sein Anwalt auf, bringt eine Entlastungszeugin (Arabella Figg) bei und erreicht schließlich Harrys Freispruch.

Texte mit vergleichbarer Thematik:
R. Rose/H. Budjuhn, Die zwölf Geschworenen; F. Dürrenmatt, Der Richter und sein Henker; H. Lee, Wer die Nachtigall stört; B. Brecht, Der Kaukasische Kreidekreis.

Alternative zur 8. Stunde

Thema: Strafe, Rache, Vergeltung

Ziel: Die Schüler lernen die Absurdität gewisser Strafen in der Zaubererwelt kennen und begreifen, dass persönliche Rachegelüste eine Motivation für Strafhandlungen sein können. Sie erarbeiten die psychologischen Aspekte der Strafe, die Harry von Professor Umbridge auferlegt wird.

Basisinformationen:
- Harry widerspricht Professor Umbridge während des Unterrichts und kritisiert ihre Unterrichtsmethoden. Er versucht, sie und die Klasse davon zu überzeugen, dass Voldemort wirklich zurückgekehrt und die Zaubererwelt einer realen Bedrohung ausgesetzt ist.
- Bereits in den Vorgängerbänden erhalten Schüler von Hogwarts z. T. ausgesprochen sinnlose und/oder gefährliche Strafaufgaben.

Thema: Harry Potter als literarisches Phänomen (Marke, Trend)

9. Stunde

Ziel: Die Schüler gewinnen Einblicke in die Mechanismen des Buch- und Filmmarktes. Sie erkennen Prinzipien des Merchandising und lernen, dass Kinder und Jugendliche Zielgruppen derartiger Kampagnen sind. Diese Stunde knüpft an die erste Stunde der Reihe an und schließt die Unterrichtsreihe ab.

Basisinformationen:
Für diese Stunde ist kein spezielles Vorwissen nötig.

Addita für die Jahrgangsstufen 7, 8 und 9

Thema: Medien in Harry Potter

Ziel: In einem produktionsorienterten Verfahren erarbeiten die Schüler genrespezifische Charakteristika verschiedener Printmedien.

Additum für 7.–9. Klasse (1 Stunde)

Basisinformationen:
- Tagesprophet: größtenteils seriöse Tageszeitung; beteiligt sich allerdings an der Demontage Harrys und Dumbledores (nimmt gesellschaftspolitisch Stellung)
- Hexenwoche: Frauenzeitschrift
- Der Klitterer: Boulevardblatt (Klatschpresse)

Thema: Vorbilder/Vaterfiguren

Ziel: Die Schüler arbeiten zentrale Aspekte des Vater-Sohn-Konflikts und der Funktion von Vorbildfigu-

Additum für 9. Klasse (1 Stunde)

ren/Rollenmodellen heraus und problematisieren diese.

Basisinformationen:
• Siehe Kapitel 2.5 und 2.6 dieser Arbeit.

Texte mit vergleichbarer Thematik:
E. Hemingway, Nick-Adams-Stories; F. Schiller, Die Räuber.

Additum für 9. Klasse (1 Stunde)	**Thema:**	Karriereplanung, Lebenslauf und Bewerbung
	Ziel:	Die Schüler reflektieren Berufswünsche sowie den Begriff Traumberuf und setzen sich mit diesbezüglichen Voraussetzungen und Anforderungen auseinander. Die Textformen Lebenslauf und evtl. Bewerbung werden eingeführt.

Basisinformationen:
• Die Schüler von Hogwarts legen zwei wichtige Examina ab: ZAG (Zaubergrad) am Ende ihres 5. Jahres an der Schule und UTZ (Unheimlich Toller Zauberer), mit dem sie ihre Schullaufbahn abschließen.
• Harry nennt *Auror* als Berufswunsch (Kapitel 29) und erfährt, dass die Voraussetzungen für diesen Beruf sehr hoch sind.

Additum für 7.–9. Klasse (2 Stunden)	**Thema:**	Der Feind in der Schule
	Ziel:	Die Schüler diskutieren das Thema Feindschaften im Schulalltag im Rahmen ihres eigenen Erfahrungshorizonts und erarbeiten Lösungsstrategien.

Basisinformationen:
Für diese Stunde ist kein spezielles Vorwissen nötig.

Verwendete Abkürzungen

A	=	Alternative
EA	=	Einzelarbeit
GA	=	Gruppenarbeit
HA	=	Hausaufgabe
KRef	=	Kurzreferat
L	=	Lehrer/-in
LV	=	Lehrervortrag
📖	=	Leseauftrag/Leseabschnitt
Mat.	=	Material
▭	=	Medien (Materialien, Arbeitsblätter, Bilder etc.)
PA	=	Partnerarbeit
✎	=	Schreibauftrag
SD	=	Schülerdiskussion
SV	=	Schülervortrag
⌒	=	Rollenspiel
TA	=	Tafelanschrieb
UG	=	Unterrichtsgespräch

Kernreihe (9 Std.)

Stunde	Thema	Didaktische Aspekte (Inhalte/Ziele)	Methodische Realisierung/Verlauf	Hausaufgabe
➊	Wer oder was ist Harry Potter?	1. Feststellen des Kenntnis- und Lesestandes der Klasse. 2. Vorbereiten eines KRefs (Strukturieren von Informationen unterschiedlicher Art). 3. Zusammenfassung der Ergebnisse und deren Einordnung in Kontexte (Strukturierung von Vorwissen). 4. Formulierung der Erwartungen an eine literarische Figur/einen Romanhelden; Bewusstmachen von Leseerwartungen. 5. Vorlesen/Vortragen eines unbekannten Textes üben. 6. Einführung in den Komplex Identitätssuche bzw. Identität versus Rolle.	1. UG: Erstellen eines Clusters an der Tafel (auch als GA durchführbar). 2. UG: Erstellen einer Mindmap auf Folie zu Harry Potter (Mat. 1). 3. 🖳: Auswertung der Materialien; Harry Potter als Protagonist einer Kinder- und Jugendbuchreihe. 4. TA: Was erwartet ihr vom Titelhelden einer Romanreihe? 5. 📖: Lektüre des Abschnittes von HP V, Kapitel 4, S. 92, Z.17 – S. 94 Z. 11 (auch als HA möglich). 6. GA: Erfüllt Harry, so wie er in dieser Textstelle dargestellt wird, eure Erwartungen? (Welche ja, welche nicht?) Stellt Vermutungen an, wie Harry in der HP-Reihe (und bes. in HP V) charakterisiert wird bzw. tauscht eure Kenntnisse aus.	HA zur 1. Stunde: ✏: Denkt über die Frage nach „Wer oder was ist Harry Potter?" und haltet eure Antworten schriftlich fest (max. 1/2 Seite). Bringt zur nächsten Stunde alles mit, was ihr zu HARRY POTTER besitzt. HA zur 2. Stunde: 📖: Lektüre von HARRY POTTER UND DER ORDEN DES PHÖNIX, Kapitel 37: Die verlorene Prophezeiung (S. 962–991).

❷ Harry auf der Suche nach seiner Identität	1. Annäherung an die Begriffe „Ich" bzw. Persönlichkeit/Identität.	1. 🔲 Gedicht MY OWN SONG von Ernst Jandl (Mat. 2) mit Overhead/Beamer projizieren; GA: Jede Gruppe schreibt je fünf Begriffe, die zum Text (zu den Begriffen Ich bzw. Persönlichkeit/Identität) passen, auf Kärtchen und heftet diese an eine Pinnwand.	Erstelle eine Text-Bild-Collage zu den Stichworten Held – Heldentum – heldenhaft; 📖: Lektüre von HP V, Kapitel 38 (Der zweite Krieg beginnt).
	2. Angleichen der unterschiedlichen Kenntnisse in der Klasse.	2. LV: Basisinformationen zur 2. Stunde (siehe S. 50 dieser Arbeit).	
	3. Übertragen der Begriffsassoziationen auf einen bestimmten Kontext; die Schüler erkennen, dass Harry sich von Band I zu Band V entwickelt hat.	3. Pinnwand oder TA: Szene im Zug; HP I, S. 106, Z. 12–17, als Überschrift auf der linken Seite, Szene im Zug, HP V, S. 221, Z. 22–28, auf der rechten. UG: Zuordnung der Kärtchen zu den beiden Textstellen.	
	4. Gemeinsames Erschließen einer schwierigen Textstelle; erkennen, dass die Prophezeiung Harrys (Verständnis von seiner) Identität wesentlich beeinflusst und dass sie ein klassisches Dilemma enthält.	4. UG: Besprechung von HP V, Kap. 37: Die verlorene Prophezeiung. Was bedeutet die Prophezeiung für Harry? Wie reagiert Harry auf die Prophezeiung? Welche Fragen und Schwierigkeiten ergeben sich für ihn daraus?	

Stunde	Thema	Didaktische Aspekte (Inhalte/Ziele)	Methodische Realisierung/Verlauf	Hausaufgabe
❸	Held und Heldentum	1. Problematisierung des Begriffs Held bzw. Heldin.	1. UG: Besprechung der HA: Aufhängen der Collagen im Klassenraum. Welche Eigenschaften hat ein Held? Wer ist für euch ein Held?	📖: Lektüre von HP V, Kapitel 11, besonders: Lied des Sprechenden Huts (S. 241–244) und eventuell der beiden Lieder des Huts in HP I (S. 130 f.) und HP 4 (S. 185 f.).
		2. Sicherung der Ergebnisse von 1.; Versuch einer Begriffsdefinition.	2. GA: Erstellen von Clustern oder TA im UG.	
		3. Erkennen der Unterschiede von Fremd- und Selbstwahrnehmung, von Rolle und Identität.	3. UG: Ist Harry Potter ein Held? Was spricht dafür, was dagegen? Wie sieht Harry sich selbst?	
❹	Gesellschaftsstrukturen innerhalb von Hogwarts	1. Kontextualisierung der HA-Texte.	1. LV: Hausrivalitäten.	📖: Lektüre von HP V, Kapitel 6.
		2. Zusammenfassen und Vortragen von Informationen aus dem Text; Erkennen von Unterschieden in Selbst- und Fremdcharakterisierung.	2. GA: Schüler werden in vier Gruppen gelost (jede Gruppe möglichst einen Experten). Jede Gruppe sucht für jeweils eines der vier Häuser je 10 Begriffe, die die Schüler/-innen des Hauses selbst, und je 10 Begriffe, die die Schüler/-innen der anderen Häuser	

	3. Problematisierung von Selbst- und Fremdeinschätzung; Erkennen von Vorurteilen; Realitätsbezug herstellen. 4. Aufnehmen von Textsignalen zur Figurencharakteristik; Technik des Stegreifspiels üben.	zu ihrer Beschreibung wählen würden (Plakat). 3. SD der Plakate; Frage: Woher kommen diese Einschätzungen? Kennt ihr ähnliche Einschätzungen in der Realität? 4. 💬: Situation 1: Lucius Malfoy und sein Sohn Draco begegnen Ron und Hermine in der Winkelgasse. Sie unterhalten sich nach der Begegnung über Ron und Hermine. Situation 2: Harry und Ron sprechen über Draco. Hermine kommt dazu; A ☐: Arbeitsblatt (Mat. 3).	📖: Lektüre von HP V, Kapitel 4 und 5; ✏: Verfasse eine Mitgliederliste des Ordens oder beschreibe das geheime Hauptquartier.
Rassismus und Klassengegensätze in der Zaubererwelt ❺	1. Produktionsorientierte Methode zur Verknüpfung von Mikrokosmos Schule und Makrokosmos Gesellschaft.	1. ✏: EA: Harry schreibt nach dem Begrüßungsfest einen Brief an Sirius und berichtet über den Abend. Er nimmt in seinem Brief Bezug auf das Gespräch in Kapitel 6 und auf Gegebenheiten der Muggelwelt. Die Briefe können ins Lesetagebuch eingefügt werden.	

Stunde	Thema	Didaktische Aspekte (Inhalte/Ziele)	Methodische Realisierung/Verlauf	Hausaufgabe
❺		2. Die Schüler entnehmen einem komplexen Text(abschnitt) Informationen und stellen sie grafisch dar.	2. Differenzierte PA: Erstellen des Stammbaums der Familie Black (Mat. 4).	
❻	Macht und Widerstand I – Der Orden des Phönix	1. Die unterschiedlichsten Hexen und Zauberer sind Mitglieder im Phönixorden. 2. Die Schüler erkennen C. Fudge als blind gegenüber der Bedrohung. 3. Textsignale aufnehmen und Leerstellen im Romankorpus füllen. 4. Die Schüler erkennen, dass der Phönixorden eine Form des organisierten Widerstandes darstellt. Der Orden arbeitet im Verborgenen.	1. Besprechung der schriftlichen HA: Erstellen einer endgültigen Mitgliederliste. 2. 📖: Evtl. gemeinsame Lektüre von HP IV, S. 739, Z. 3 – S. 741, Z. 32. 3. UG (oder LV): Was ist vermutlich während der Ferien, also zwischen Band IV und Band V passiert? 4. Gemeinsamer TA zur Struktur des Phönix-Ordens (Mat. 5). Wer sind die Mitglieder? Wie ist der Orden organisiert? Was sind seine Aufgaben?	📖: Lektüre von HP V, Kapitel 16 (Gründungsszene von Dumbledores Armee).

7 Macht und Widerstand II – Dumbledores Armee	1. Textzusammenfassung und Informationsweitergabe. 2. Schüler erkennen, dass Umbridges Unterricht nicht auf das wirkliche Leben vorbereitet und dass die Gruppe deshalb Widerstand leistet. 3. Offener Widerstand zieht Konsequenzen nach sich.	1. KRef/SV: Umbridge und die Bildungsdekrete (oder: Wie sich das Ministerium Macht in Hogwarts verschafft); Umbridge und ihr Unterricht. 2. UG: Warum wird Dumbledores Armee gegründet? 3. KRef: HP V, Kapitel 27 (Dumbledore geht in die offene Rebellion). UG: Welche Konsequenzen ergeben sich daraus a) für Dumbledore, b) für den Phönixorden und c) für die Mitglieder von Dumbledores Armee?	Vorbereitung eines Rollenspiels zu HP V, Kapitel 8 (Die Anhörung, Mat. 6): Dialogstruktur und Rollenverteilung. A , : Lektüre von HP V, Kapitel 13; anschließend: Verfasse eine Inhaltsangabe zu diesem Kapitel und erkläre, wie Umbridges Feder funktioniert.
8 Recht und Gerechtigkeit	Projektorientiertes Arbeiten, Erschließen eines Textes durch gestaltendes Interpretieren, Dialogisieren einer Textvorlage, Figurencharakteristik erarbeiten, darstellendes Spiel üben.	Projektstunde zu einem Rollenspiel: Die Anhörung (siehe Mat. 6).	: Schreibe Percy Weasleys Protokoll der Anhörung. A 1: Schreibe den Bericht des Gerichtsreporters. A 2: KRef vorbereiten.

Alternative zur 8. Stunde

Stunde	Thema	Didaktische Aspekte (Inhalte/Ziele)	Methodische Realisierung/Verlauf	Hausaufgabe
❽ A	Strafe, Rache, Vergeltung	1. Inhaltsangabe/Textzusammenfassung und Überarbeiten von Texten.	1. GA: Besprechung der HA und Überarbeitung der Texte in Schreibkonferenzen.	KRefs vorbereiten zu Buch- und Filmmarkt (s. 9. Std.).
		2. Die Schüler interpretieren eine Textstelle assoziativ.	2. PA/GA: Findet ca. fünf Begriffe, die zur Strafe passen, die Harry auferlegt bekommt. Das können auch ganz allgemeine Begriffe sein wie zum Beispiel die Farbe rot.	
		3. Die Schüler erkennen, dass die Strafe Umbridges auch einen wesentlichen psychologischen Aspekt besitzt.	3. UG: Sammeln der Begriffe und Zuordnung zu den Kategorien ‚betrifft eher den Körper' – ‚betrifft eher den Geist/die Seele etc.' (TA)	
		4. Methode des gestaltenden Interpretierens/Veränderung der Sichtweise üben.	4. EA: Schreibe ein Gedicht, in dem einige der Begriffe vorkommen oder male ein Bild, das zu diesen Begriffen passt. A: Erzähle die Szene aus der Sicht von Umbridge.	

	Thema	Didaktische Aspekte (Inhalte/Ziele)	Methodische Realisierung/Verlauf	Hausaufgabe
❾	HARRY POTTER als literarisches Phänomen (Marke, Trend)	1. Sammeln, Auswählen, Auswerten und Präsentieren von Informationen. 2. Einblicke in Buch- und Filmmarkt; Schüler als Zielgruppe von Marketing- und Werbemaßnahmen.	1. KRefs zum Beispiel zu: HP und der Buchmarkt, die anderen HP-Bände, HP-Verfilmungen, Joanne K. Rowling, HARRY-POTTER-Vermarktung (Erfolg oder Misserfolg?). 2. Anschließend jeweils UG.	

Additum für 7.–9. Klasse (1 Stunde)

Stunde	Thema	Didaktische Aspekte (Inhalte/Ziele)	Methodische Realisierung/Verlauf	Hausaufgabe
	Medien in HARRY POTTER	1. Funktion von Titelblättern/ersten Seiten der Zeitungen und Zeitschriften in HP. 2. Kreative, produktionsorientierte Auseinandersetzung mit genrespezifischen Schreibformen.	1. ☐ UG: Besprechung der HA und Vergleich der HP-Zeitungen und Zeitschriften mit realen Titelseiten/ersten Seiten von Tageszeitungen. 2. ✎ EA/PA/GA: Verfasst einen Beitrag für eine der drei Hauptmedien (TAGESPROPHET, HEXENWOCHE, DER KLITTERER) zu einem der folgenden Ereignisse: Vorfall mit Dementor (HP V, Kapitel 1), Die Anhö-	HA zu dieser Stunde: Gestalte das Titelblatt/die erste Seite des TAGESPROPHETEN, der HEXENWOCHE, von DER KLITTERER oder einer Fachzeitschrift (z. B. VERWANDLUNGEN

Stunde	Thema	Didaktische Aspekte (Inhalte/Ziele)	Methodische Realisierung/Verlauf	Hausaufgabe
			rung (HP V, Kapitel 8), Dumbledores Armee (HP V, Kapitel 16), Interview mit Mrs. und/oder Mr. Weasley nach dem Angriff durch die Schlange (HP V, Kapitel 21), die Ereignisse im Zaubereiministerium (HP V, 34–36) (evtl. Pressekonferenz). 3. Zusammenstellen der Arbeitsergebnisse in einer Zeitung/Zeitschrift/einem Reader.	HEUTE oder einer Quidditch-Zeitung).

Additum für 9. Klasse (1 Stunde)

Stunde	Thema	Didaktische Aspekte (Inhalte/Ziele)	Methodische Realisierung/Verlauf	Hausaufgabe
	Vorbilder/Vaterfiguren	1. Unvorbereitetes Vorlesen eines Gedichts. 2. Kurze Interpretation eines Gedichts.	1. Lektüre und Vorlesen des Gedichts DER ZAUBERLEHRLING (Goethe) mit Rollenverteilung. 2. UG: Besprechung des Gedichts.	Lektüre von HP V, Kapitel 28 (und evtl. Wiederholung von Kapitel 37).

3. Erarbeiten des Begriffs Vorbild.
4. James wird sowohl von Harry selbst als auch von anderen (hier: Sirius) als Harrys Vorbild/Rollenmodell gesehen.
5. Rückbezug auf Situation Harrys, produktionsorientierte Auseinandersetzung mit dem Aspekt Vaterfiguren in HP.

3. Entwicklung eines Clusters/einer Mindmap zum Begriff Vorbild.
4. LV oder SV: HP V, S. 110, Z. 6 – Z. 31.
5. ‚Du bist nicht dein Vater'.
✎: Harry schreibt am Abend nach der Szene in Snapes Büro seine Gedanken in sein Tagebuch.

Additum für 9. Klasse (1 Stunde)

Stunde	Thema	Didaktische Aspekte (Inhalte/Ziele)	Methodische Realisierung/Verlauf	Hausaufgabe
	Karriereplanung, Lebenslauf und Bewerbung	1. Herausarbeiten des Unterschieds zwischen Traumberuf und Berufswunsch. 2. Die Schüler erkennen, dass sie schon frühzeitig bestimmte Voraussetzungen für ihren Wunschberuf erfüllen können.	1. UG: Erstellen eines Clusters/einer Mindmap zu Traumberuf und Berufswunsch. 2. GA: Besprechung der HA: Welche Schwierigkeiten kommen auf Harry zu, wenn er Auror werden will? Wie kann er sich am besten darauf vorbereiten? Übertragt diese	📖: Lektüre von HP V, Kapitel 29. ✎: Lebenslauf a) von Harry Potter, b) von dir selbst.

Stunde	Thema	Didaktische Aspekte (Inhalte/Ziele)	Methodische Realisierung/Verlauf	Hausaufgabe
			Ergebnisse auf eure eigene Berufswünsche. Welche Voraussetzungen werden vermutlich gefordert? Stellt für euren Berufswunsch einen Fragenkatalog zusammen.	
		3. Die Textform Lebenslauf üben.	3. EA: Verfassen eines Lebenslaufs.	
		4. Die Schüler holen Informationen über bestimmte Berufe ein.	4. Projekt: Informationen zu Berufsfeldern bei Arbeitsämtern, Firmen, Berufsbildungszentrum oder im Internet (z. B. www.job-future.de) einholen.	

Additum für 7.–9. Klasse (2 Stunden)

Stunde	Thema	Didaktische Aspekte (Inhalte/Ziele)	Methodische Realisierung/Verlauf	Hausaufgabe
	Der Feind in der Schule	1. Die Schüler erkennen, dass der Grund für Harrys Ausbruch und sei-	1. UG: kurze Besprechung des Kapitels 19.	📖: Lektüre von HP V, Kapitel 19.

nen Angriff auf Draco darin liegt, dass er von Draco gezielt provoziert wurde.
2. Übertragung von dieser Konfliktsituation auf eigene Erfahrungen.

2. EA: Erinnert euch an möglichst weit zurückliegende ähnliche Konfliktsituationen, an denen ihr beteiligt ward bzw. die ihr miterlebt habt, und beschreibt kurz deren Verlauf.

3. Erkennen, dass viele Konfliktsituationen ähnliche Strukturen haben.
4. Strategien finden um Konflikte zu lösen.

3. UG: Vortrag und Bewertung einiger Schülertexte.
4. UG: Haben Außenstehende von diesen Konflikten/Situationen erfahren oder nicht? Wodurch wurden eure Konflikte ausgelöst und wie haben sie sich entwickelt? Konnten sie gelöst werden oder nicht? Wenn ja, wie?

5. Harry und Draco stehen sich in einem fast unlösbaren Konflikt gegenüber.

5. UG: Könnt ihr euch vorstellen, dass diese Lösungswege auch in Hogwarts/im Fall von Harry und Draco funktionieren würden?

3.4 Vorschläge für Klassenarbeiten/Schulaufgaben

Vorschlag A
Verfasse einen ausführlichen Zeitungsbericht über Dumbledores Flucht (HP V, Kapitel 27).

Vorschlag B
Stell dir vor, Draco Malfoy erzählt in einem Brief an seinen Vater, wie er geholfen hat, „Dumbledores Armee" auffliegen zu lassen. Schreibe diesen Brief.

Vorschlag C
Draco Malfoy und Harry Potter treffen sich beim Streitschlichter deiner Schule. Verfasse den Dialog zwischen den beiden – der Streitschlichter hat dabei lediglich kurze Texte als Moderator.

Vorschlag D (für Klasse 9)
Nachdem Harry das schlimmste Geheimnis von Professor Snape gelüftet hat, bleibt dieser wütend in seinem Büro zurück (HP V, Kapitel 28). Formuliere in einem inneren Monolog, was Snape dabei denkt.

4 Materialien

Material 1 **Mindmap zu HARRY POTTER**

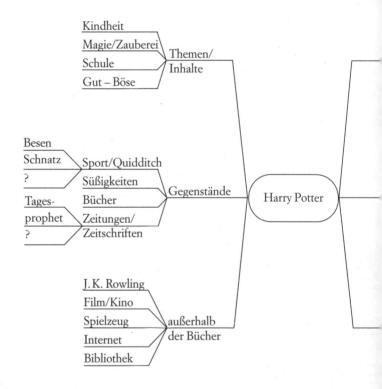

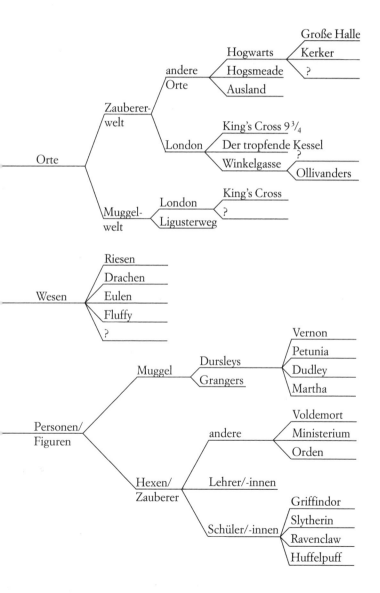

Material
2

Ernst Jandl: my own song
ich will nicht sein
so wie ihr mich wollt
ich will nicht ihr sein
so wie ihr mich wollt
ich will nicht sein wie ihr
so wie ihr mich wollt
ich will nicht sein wie ihr seid
so wie ihr mich wollt
ich will nicht sein wie ihr sein wollt
so wie ihr mich wollt
nicht wie ihr mich wollt
wie ich sein will will ich sein
nicht wie ihr mich wollt
wie ich bin will ich sein
nicht wie ihr mich wollt
wie *ich* will ich sein
nicht wie ihr mich wollt
ich will *ich* sein
nicht wie ihr mich wollt will ich sein
ich will *sein*

(aus: Ernst Jandl, poetische Werke, hg. von Klaus Siblewski. © 1997 by
Luchterhand Verlag, einem Unternehmen der Verlagsgruppe Random House
GmbH)

Material
3

Arbeitsblatt zu den Figuren Draco und Harry
Versetze dich in die Rollen Dracos und Harrys und bewerte folgende Aussagen für jede dieser Personen mit einer anderen
Farbe.
1 = lehne die Aussage vollkommen ab;
2 = lehne teilweise ab;
3 = weder/noch;
4 = stimme teilweise zu;
5 = stimme voll zu

Aussage	1	2	3	4	5
Die Herkunft einer Person spielt eine große Rolle.					
Es ist vollkommen klar, wer in welches Haus gehört.					
Die Zaubererwelt befindet sich zurzeit (Anfang von HP V) in einer schwierigen Lage.					
Einige Hexen/Zauberer sind besser als andere.					
In schwierigen Zeiten sollten alle Schüler von Hogwarts zusammenhalten.					
Alle Mitglieder einer Familie gehören in das gleiche Haus.					
Reichtum sollte eine große Rolle spielen.					
Es ist richtig, die Schüler in die vier Häuser aufzuteilen.					
Die Herkunft einer Person sollte eine große Rolle spielen.					
Es ist einfach, die Schüler in die vier Häuser aufzuteilen.					
Reichtum spielt eine große Rolle.					
Kinder müssen im gleichen Haus sein, in dem auch ihre Eltern waren.					
In schwierigen Situationen halten alle Schüler von Hogwarts zusammen.					
Alle Schüler eines Hauses sind gleich.					

Material 4   **Stammbaum der Familie Black (HP V, Kapitel 6)**

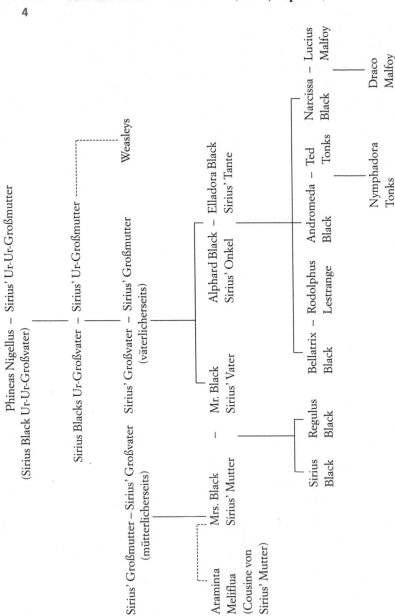

Tafelbild zu „Der Orden des Phönix"

,gut'
(weiße Magier)

Hogwarts
Dumbledore
Lehrer
- bietet Sicherheit vor Voldemort, aber nur auf dem Schulgelände
- Ministerium kann sich in Hogwarts' Angelegenheiten einmischen

Harry

Orden des Phönix
- = geheime Neugründung zum Kampf gegen Voldemort (Dumbledore, einzelne Lehrer, Auroren u.a.)
- besondere Aufgaben: Schutz von Harry außerhalb der Schule, Schutz der Geheimnisse im Ministerium

BEDROHUNG

Voldemort mit Todessern
(schwarze Magier)
,böse'

Ministerium
(Fudge)
- soll Geheimnisse bewahren
- soll Zauberwelt vor Voldemort und Todessern schützen
- Machtmittel:

Dementoren | Auroren

Versagen:
- leugnet Voldemorts Rückkehr
- bekämpft Dumbledore und Harry

Folgen des Versagens:
- Harry ist außerhalb Hogwarts' schutzlos
- Geheimnisse sind für Voldemort greifbar
- Bündnis der Dementoren mit Voldemort wird geschlossen

Material
6

Rollenspiel „Die Anhörung"

Mindestens beteiligte Personen: Harry Potter, Cornelius Fudge, Amelia Bones, Albus Dumbledore, Arabella Figg, Gerichtsreporter

Die übrigen Schüler nehmen als Publikum teil.

Ein/e Schüler/-in leitet die Stunde mit einem kurzen Bericht (Radio oder Fernsehen) über den Vorfall mit den Dementoren (HP V, Kapitel 1) ein.

Fragen des Gerichtsreporters (Schüler oder Lehrerkraft), der das Publikum und die Beteiligten im Anschluss an die Anhörung befragt:

1) Fragen an das Publikum: Erscheint Ihnen der Ausgang der Anhörung gerecht? Halten Sie es für gerecht, dass Harry sich der Anhörung stellen musste? Wäre der Ausschluss Harrys aus Hogwarts eine begründete Strafe gewesen? Wie beurteilen Sie die Aussage/Stellungnahme von Dumbledore/Harry/Arabella Figg bzw. die Verhaltensweisen der verschiedenen Mitglieder des Gerichts?

2) Fragen an

a) Harry: Bist du mit dem Verlauf der Anhörung zufrieden? Empfindest du den Ausgang als gerecht? Würdest du in deinen Ferien wieder deine Zauberkräfte anwenden? Wenn ja, warum/wann? Wenn nein, warum nicht?

b) Dumbledore: Sind Sie der Meinung, dass Harry rechtmäßig angeklagt war? Haben Sie Harrys Freispruch erwartet? Wenn ja, warum? Wenn nein, warum nicht? Sind Sie der Meinung, dass das Gericht ein gerechtes Urteil gefällt hat? Bitte geben Sie einen Kommentar zu diesem Gericht.

c) Arabella Figg: Frau Figg, halten Sie es für wichtig, dass man vor Gericht die Wahrheit sagt?

d) Cornelius Fudge: Herr Minister, warum hat das Ministerium Harry freigesprochen? Halten Sie es für möglich, dass in bestimmten Situationen Ausnahmen von Regeln gemacht werden? Sollte das Ministerium angesichts der heutigen Ereignisse vielleicht die Maßnahme überdenken, Strafen wie Schulausschluss über minderjährige Zauberer/Hexen zu verhängen?

e) Amelia Bones: Wie beurteilen Sie als Insiderin die heutige Anhörung?

Zeitleiste der wichtigsten Ereignisse in der HARRY-POTTER-Romanfolge I–V

382 v. Chr.	Ollivander beginnt, Zauberstäbe herzustellen
~ 1000 n. Chr.	Hogwarts wird gegründet (Slytherin baut die Kammer des Schreckens)
31.10.1492	† Sir Nicholas de Mimsy-Porpington (Fast Kopfloser Nick)
~ 1840	Albus Dumbledore wird geboren
1927	Tom Vorlost Riddle (Voldemort) wird geboren
1929	Rubeus Hagrid wird geboren
1942/3	Riddle öffnet die Kammer des Schreckens; † Maulende Myrte
1945	Dumbledore besiegt den dunklen Zauberer Grindelwald (HP I, S. 114)
1954	Lucius Malfoy wird geboren (HP V, S. 363)
Dezember 1956	Minerva McGonagall wird Lehrerin in Hogwarts (HP V, S. 379)
~ 1960	James, Lily, Sirius, Remus, Peter Pettigrew, Severus Snape geboren
Anfang der 70er-Jahre	James, Lily, Sirius, Remus, Peter Pettigrew, Severus Snape kommen nach Hogwarts
Juni 1975	James und Sirius demütigen Snape (HP V, Kapitel 28)
1976	Sirius lockt Severus in die Heulende Hütte, James rettet Severus das Leben (HP III, S. 370); Sirius reißt in den Ferien von zu Hause aus und zieht zu den Potters (HP V, S. 135)
1980	Harry (31.7.), Ron (1. 3.), Hermine (19. 9.), Neville (Juli), Dudley (Juni) geboren † Regulus Black (HP V, Kapitel 6)
1981	Ginny Weasley geboren; Snape beginnt als Lehrer in Hogwarts (HP V, Kapitel 17)
Oktober 1981	Lily und James Potter gehen mit Harry in den Untergrund; Peter Pettigrew verrät sie und
31.10.1981	Voldemort greift die Potters an; Niederlage Voldemorts, † Lily und James Potter
1.11.1981	Harry wird zu den Dursleys gebracht; Peter

Material **7**		Pettigrew arrangiert seinen ‚Tod', Sirius Black wird in Askaban inhaftiert
	Ende Juni 1991	Harry bekommt seinen Brief von Hogwarts
	31.7.1991	Harrys 11. Geburtstag
	1.9.1991	Harry, Ron, Hermine fangen in Hogwarts an
	Juni 1992	Harry verhindert, dass Quirrell/Voldemort den Stein der Weisen bekommt
	31.7.1992	Harrys 12. Geburtstag; Dobbys Besuch
	1.9.1992	Harry und Ron verpassen den Zug nach Hogwarts und fliegen mit dem Auto dorthin; Colin Creevey, Luna Lovegood und Ginny Weasley fangen in Hogwarts an
	31.10.1992	Halloween-Fest und 500. Todestag des Fast Kopflosen Nick (HP II, S. 139)
	Juni 1993	Harry besiegt Tom Riddle/Voldemort in der Kammer des Schreckens
	31.7.1993	Harrys 13. Geburtstag
	1.9.1993	Harry, Ron und Hermine beginnen ihr drittes Jahr in Hogwarts
	Juni 1994	Peter Pettigrew (alias Rons Ratte Krätze) wird enttarnt und flieht; Harry trifft Sirius Black und kann ihn vor der Exekution durch die Dementoren retten
	31.7.1994	Harrys 14. Geburtstag
	August 1994	Quidditch-Weltmeisterschaft, Finale am 22. August (Montag): Irland gegen Bulgarien
	1.9.1994	Harry, Ron und Hermine beginnen ihr viertes Jahr in Hogwarts
	31.10.1994	Der Feuerkelch bestimmt die Teilnehmer des Trimagischen Turniers: Victor Krum, Fleur Delacour, Cedric Diggory und Harry Potter
	24.6.1995	Dritte Aufgabe des Trimagischen Turniers; † Cedric Diggory Rückkehr Voldemorts, Harry kann entkommen Dumbledore beginnt, den Phönixorden neu zu formieren (HP IV, S. 745)
	31.7.1995	Harrys 15. Geburtstag

2.8.1995	Dementoren greifen Harry und Dudley an, Harry verteidigt sich und Dudley durch Anwendung des Patronus-Zaubers; Harry soll von Hogwarts ausgeschlossen werden und seinen Zauberstab abgeben (HP V, Kapitel 1)	Material 7
einige Tage später	Eine Delegation des Phönixordens bringt Harry in das Hauptquartier des Ordens in London (HP V, Kapitel 3)	
12.8.1995	Die Anhörung (HP V, Kapitel 8)	
31.8.1995	Ron und Hermine werden Vertrauensschüler; Moody zeigt Harry ein Foto des alten Phönixordens (HP V, Kapitel 9)	
1.9.1995	Harry, Ron und Hermine beginnen ihr fünftes Jahr in Hogwarts; im Zug treffen sie Luna Lovegood (HP V, Kapitel 10);	
3.9.1995	Harry erhält eine Strafe von Dolores Umbridge (HP V, Kapitel 13)	
6.9.1995	Ron wird Hüter des Gryffindor-Quidditch-Teams	
Herbst/ Winter 1995	Gründung von Dumbledores Armee; erste Zusammenkünfte (HP V, Kapitel 18)	
ca. 23.12.1995	Arthur Weasley wird im Zaubereiministerium von einer Schlange lebensgefährlich verletzt (HP V, Kapitel 21 und 22);	
25.12.1995	Familie Weasley und Harry verbringen Weihnachten im Krankenhaus (HP V, Kapitel 23)	
14.2.1996	Harrys erste Verabredung mit Cho Chang; Harry gibt Rita Kimmkorn ein Interview, das im KLITTERER veröffentlicht wird (HP V, 25)	
Frühjahr 1996	Marietta Edgecombe verrät Dumbeldore's Army; Dumbledore verlässt Hogwarts; Dolores Umbridge wird neue Schuldirektorin	
Juni 1996	Harry und seine Klassenkameraden legen den ZAG ab (HP V, Kapitel 31); Kampf im Zaubereiministerium (HP V, Kapitel 33–36)	

5 Anhang

5.1 Primärtexte

Rowling, Joanne K.: Harry Potter und der Stein der Weisen. Aus dem Englischen von Klaus Fritz. Carlsen, Hamburg 1998.
– Harry Potter und die Kammer des Schreckens. Aus dem Englischen von Klaus Fritz. Carlsen, Hamburg 1999.
– Harry Potter und der Gefangene von Askaban. Aus dem Englischen von Klaus Fritz. Carlsen, Hamburg 1999.
– Harry Potter und der Feuerkelch. Aus dem Englischen von Klaus Fritz. Carlsen, Hamburg 2000.
– Harry Potter und der Orden des Phönix. Aus dem Englischen von Klaus Fritz. Carlsen, Hamburg 2003.
Phantastische Tierwesen und wo sie zu finden sind. Aus dem Englischen von Klaus Fritz. Carlsen, Hamburg 2001.
Quidditch im Wandel der Zeiten. Aus dem Englischen von Klaus Fritz. Carlsen, Hamburg 2001.

5.2 Verfilmungs- und Vertonungsdaten

Harry Potter und der Stein der Weisen (Harry Potter and the Sorcerer's Stone). USA 2001. Regie: Chris Columbus. Drehbuch: Steven Kloves. Verleih: Warner Bros.
Harry Potter und die Kammer des Schreckens (Harry Potter and the Chamber of Secrets). USA 2002. Regie: Chris Columbus. Drehbuch: Steven Kloves. Verleih: Warner Bros.
Harry Potter und der Gefangene von Askaban (Harry Potter and the Prisoner of Azkaban). USA 2004. Regie: Alfonso Cuarón. Drehbuch: Steven Kloves. Verleih: Warner Bros.
Die Bände I bis V als Hörbücher erhältlich: gelesen von Rufus Beck. Der Hörverlag – DHV, München.

5.3 Literaturhinweise

Brass, Claudia u. a.: Praxis Lesen: z. B. Fantastische Geschichten. Alice, Krabat, Matilda, Harry Potter u. a. Lichtenau-Scherzheim: AOL-Verlag: 2002.

Büker, Petra/Kammler, Clemens (Hgg.): Das Fremde und das Andere. Interpretationen und didaktische Analysen zeitgenössischer Kinder- und Jugendliteratur. (Lesesozialisation und Medien) Weinheim: Juventa 2003.

Burkhart, Claudia: Harry Potter. Ein modernes Märchen im Unterricht. In: Schulmagazin 5 bis 10. 9/2002, S. 27–32.

Bürvenich, Paul: Der Zauber des Harry Potter. Analyse eines literarischen Welterfolgs. FaM u. a.: Lang 2001.

Colbert, David: The Magical Worlds of Harry Potter. A Treasury of Myths, Legends and Fascinating Facts. London: Penguin 2001.

Fährmann, Willi (Hg.): Mythen, Mächte und Magie. Harry Potter oder die Frage nach dem Woher und Wohin in der phantastischen Kinder- und Jugendliteratur. Mülheim: Katholische Akademie Die Wolfsburg 2001.

Frazer, Lindsey u. a.: Viel Zauber um Harry. Die Welt der Joanne K. Rowling. Hamburg: Carlsen 2001.

Golla, Andreas F. (Hg.): Harry-Potter-Experten-Kit. Alles, was Sie über Ihren Lieblingszauberlehrling wissen müssen oder schon immer wissen wollten. Poing: Franzis 2001. (CD-ROM)

Golla, Andreas F.: Die besten Harry-Potter-Internetseiten. Inkl. wertvoller Zusatzinfos und Bewertung der Seiten. Poing: Franzis 2001. (CD-ROM)

Heilman, Elizabeth E. (Hg.): Harry Potter's world. Multidisciplinary critical perspectives. New York u. a.: Routledge Falmer 2003.

Hein, Rudolf: Kennen Sie Severus Snape? Auf den Spuren der sprechenden Namen bei Harry Potter. Bamberg: Collibri/Erich Weiß 2001. (Neuauflage erschienen bei dtv)

Highfield, Roger: The Science of Harry Potter. How Magic Really Works. New York: Viking 2002.

Houghton, John: Was bringt Harry Potter unseren Kindern? Chancen und Nebenwirkungen des Millionen-Bestsellers. (Aus dem Englischen von Rendel, Christian) Giessen: Brunnen 2001.

Kienitz, Günter W./Grabis, Bettina: Internet Pocket Guide: Harry Potter. Alles über Harry Potter. Kempen: moses Verlag 2001.

Kirk, Connie Ann: J. K. Rowling. A Biography. Westport, Conn. u. a.: Greenwood Press 2003.

Knobloch, Jörg (Hg.): „Harry Potter" in der Schule. Didaktische Annäherung an ein Phänomen. Mühlheim: Verlag an der Ruhr 2001.

Krichbaum, Jörg: Jetzt ins wwweb mit… – den besten Internetadressen zum Thema Harry Potter. Köln: ARCUM 2000.

Kronzek, Allan Zola/Kronzek, Elizabeth: Das Zauberer-Handbuch.

Die magische Welt der Joanne K. Rowling von A bis Z. München: Goldmann 2001.

Kutzmutz, Olaf (Hg.): Harry Potter oder Warum wir Zauberer brauchen. Wolfenbüttel: Bundesakademie für kulturelle Bildung 2001.

Lexe, Heidi (Hg.): Alohomora! Ergebnisse des ersten Wiener Harry-Potter-Symposions. (Kinder- und Jugendliteraturforschung in Österreich 2) Wien: Praesens 2002.

Lurie, Allison: Boys and girls forever. Children's classics from Cinderella to Harry Potter. New York: Penguin 2003.

Maar, Michael: Warum Nabokov Harry Potter gemocht hätte. Berlin: Berlin-Verlag 2002.

Oerter, Rolf/Montada, Leo (Hgg.): Entwicklungspsychologie. Weinheim: Beltz Psychologie Verlagsunion 1998.

Scheidewind, Friedhelm: Das ABC rund um Harry Potter. Berlin: Schwarzkopf & Schwarzkopf 2000.

Shapiro, Marc: J.K. Rowling. The Wizard behind Harry Potter. New York: St. Martin's Griffin 2000.

Smith, Sean: Die Schöpferin von Harry Potter. Das Leben der J.K. Rowling. Hamburg: Europa-Verlag 2002.

Spinner, Kaspar H. (Hg.): Im Bann des Zauberlehrlings? Zur Faszination von Harry Potter. (Themen der Katholischen Akademie in Bayern) Regensburg: Pustet 2001.

Stein, Falk N.: Von Alraune bis Zentaur. Ein Harry-Potter-Lexikon. Düsseldorf: Dettelbach 2000.

Stern, Claudia: Harry Potter in der Schule. Eine Rechtschreibübungseinheit zur Differenzierung der s-Laute. In: Schulmagazin 5 bis 10. 11/2002, S. 15–19.

Whited, Lana A. (Hg.): The ivory tower and Harry Potter. Perspectives on a literary phenomenon. Columbia u. a.: Univ. of Missouri Press 2003.

Zollner, Barbara Maria/Nowatzky, Nora (Illustr.): Langenscheidts Großes Zauberwörterbuch. Für Harry-Potter-Fans; Englisch – Deutsch. Berlin, München u. a.: Langenscheidt 2001.

Zwettler-Otte, Sylvia (Hg.): Von Robinson bis Harry Potter. Kinderbuchklassiker psychoanalytisch. München: DTV 2002.

Internetadressen

Carlsen Verlag: http://www.carlsen.de
Bloomsbury Verlag (GB): http://www.bloomsbury.com
Scholastic Verlag (USA): http://www.scholastic.com
Harry Potter bei Warner Bros.: http://www.harrypotter.de

5.4 Figurenverzeichnis

Zeichenerklärung:
MPO – Mitglieder des Phönix-
ordens
MDA – Mitglieder von
Dumbledores Armee
T – Todesser/Anhän. Voldemorts
ZM – Zauberei-Ministerium
* – Auror/in

Zaubererwelt:
Lehrer/-innen
Albus Percival Wulfric Brian
Dumbledore, Direktor, MPO
Prof. Binns (Geist), Geschichte
der Zauberei
Filius Flitwick, Zauberkunst
Wilhelmina Raue-Pritsche, Pfle-
ge magischer Geschöpfe
Madam Hooch, Fliegen
Minerva McGonagall, Stellver-
tretende Direktorin, Verwand-
lungen, MPO
Severus Snape, Zaubertränke,
MPO (ehem. T)
Prof. Sprout, Kräuterkunde
Sybill Trelawney, Wahrsagen
Prof. Vector, Arithmantik
Firenze (Zentaur), Wahrsagen
(ab Bd. V)

*Verteidigung gegen die dunklen
Künste*
Prof. Quirrell (Bd. I), von Volde-
mort besessen †, T
Gilderoy Lockhart (Bd. II)
Remus J. Lupin, MPO,
(Werwolf) (Bd. III)
Alastor ,Mad Eye' Moody*,
MPO (alias T Barty Crouch
Jr.) (Bd. IV)

Dolores Jane Umbridge, ZM,
(Bd. V)

Weiteres Personal
Rubeus Hagrid, MPO, Wildhüter
Argus Filch, Hausmeister
Poppy Pomfrey, Kranken-
schwester
Dobby, Hauself (früher bei den
Malfoys)
Winky, Hauselfe (früher bei den
Crouchs)

Schüler/-innen
– *Gryffindor*
Harry Potter, MDA
Hermine Granger, MDA
Ron (Ronald) Weasley, MDA
Katie Bell, MDA
Lavender Brown, MDA
Colin Creevey, MDA
Dennis Creevey, MDA
Seamus Finnegan, MDA
Angelina Johnson, MDA
Neville Longbottom, MDA
Parvati Patil, MDA
Dean Thomas, MDA
Alicia Spinnet, MDA
Ginny (Virginia) Weasley, MDA
Fred & George Weasley, MDA
– *Ravenclaw*
Terry Boot, MDA
Michael Corner, MDA
Cho Chang, MDA
Marietta Edgecomb, MDA (ver-
rät DA)
Anthony Goldstein, MDA
Luna Lovegood, MDA
Padma Patil, MDA

- *Slytherin*
Draco Malfoy, T
Vincent Crabbe, T
Gregory Goyle, T
Millicent Bullstrode
Pansy Parkinson
- *Hufflepuff*
Hannah Abbott, MDA
Susan Bones, MDA
Cedric Diggory †
Justin Finch-Fletchley, MDA
Ernie Macmillan, MDA
Zacharias Smith, MDA

Geister
Sir Nicholas de Mimsy-Porping-
ton (Fast Kopfloser Nick),
Gryffindor
Blutiger Baron, Slytherin
Fetter Mönch, Hufflepuff
Graue Lady, Ravenclaw
Maulende Myrte
Peeves, Poltergeist

Andere Hexen/Zauberer:
Sirius Black †, MPO, Harrys
Pate
Amelia Susan Bones, ZM
Edgar Bones †, MPO
Dädalus Diggel, MPO
Caradoc Dearborn †, MPO
Elphias Dodge, MPO, (Advance
Guard)
Antonin Dolohov, T
Aberforth Dumbledore, MPO,
(D.s Bruder)
Benjy Fenwick †, MPO
Mundungus Fletcher, MPO
Cornelius Fudge, ZM, Zauberei-
minister
Hestia Jones (Advance Guard),
MPO

Rita Kimmkorn, Journalistin
Frank Longbottom*, MPO,
Nevilles Vater
Alice Longbottom*, MPO,
Nevilles Mutter
Marlene McKinnon †, MPO
Dorcas Meadows †, MPO
Bellatrix Lestrange, T, Sirius'
Cousine
Lucius Malfoy, ZM, T, Dracos
Vater
Narcissa Malfoy, T, Dracos Mutter
Peter Pettigrew, MPO, T
James Potter †, MPO, Harrys
Vater
Lily Potter (geb. Evans) †, MPO,
Harrys Mutter
Gideon & Fabian Prevett †,
MPO
Kingsley Shaklebolt, MPO, ZM
Nymphadora Tonks*, MPO
Emmeline Vance, MPO,
(Advance Guard)
Lord Voldemort/Tom Vorlost
Riddle, T
Arthur Weasley, MPO, ZM,
Rons Vater
Bill Weasley, MPO
Charlie Weasley, MPO
Molly Weasley, MPO, Rons
Mutter
Percy Weasley, ZM (ab Bd. IV
ZM)

Muggelwelt:
Petunia + Vernon Dursley
Dudley Dursley, Harrys Cousin
Arabella Doreen Figg, MPO
(Knallfrosch)
Mrs & Mr Granger (Zahnärzte)

5.5 Zeittafel zu Joanne K. Rowling

1965   Joanne Rowling wird am 31.7. in Chipping Sodbury bei Bristol geboren

1971–1982 Besuch der Wyedean Comprehensive School

1983–1986 Französisch- und Altphilologiestudium an der Universität Exeter

1987–1990 Rowling ist als Assistentin für Amnesty International und später als Sekretärin in Manchester tätig; bereits 1990 entstehen erste Entwürfe zu HARRY POTTER

1991   Tätigkeit als Englischlehrerin in Portugal

1992   Am 16.10. heiratet Joanne Rowling den portugiesischen Fernsehjournalisten Jorge Arantes

1993   Die gemeinsame Tochter Jessica kommt am 27.7. zur Welt; im November trennen sich Rowling und Arantes, Rowling kehrt nach Großbritannien zurück

1994   Während Rowling ihre Lehrerausbildung in Edinburgh beendet, schreibt sie gleichzeitig an HARRY POTTER UND DER STEIN DER WEISEN; sie lebt von der Sozialhilfe

1995   Rowling arbeitet als Französischlehrerin; der erste Band der HARRY-POTTER-Reihe ist fertig. Mehrere Verlage lehnen das Manuskript ab.

1996   Christopher Little, Rowlings Literaturagent, bringt den Titel bei dem Londoner Verlag Bloomsbury unter

1997   Rowling erhält ein Stipendium des Scottish Arts Council im Wert von 8000 Pfund;
HARRY POTTER AND THE PHILOSOPHER'S STONE erscheint mit einer Erstauflage von 500 Exemplaren.
Aus marketingstrategischen Gründen nimmt Joanne Rowling einen zweiten Vornamen an, Kathleen, und stimmt zu, dass nur ihre Initialen (JK) und ihr Nachname auf dem Cover geführt werden. Der amerikanische Scholastic Verlag erwirbt die US-Rechte für den ersten Band für mehr als 100 000 Pfund

1998   HARRY POTTER AND THE CHAMBER OF SECRETS erscheint in Großbritannien (Juli);
Warner Brothers erwirbt die Merchandising-Rechte an HARRY POTTER

1999   Band III der Reihe, HARRY POTTER AND THE PRISONER OF AZKABAN, erscheint in Großbritannien (Juli); die Filmrechte für die ersten beiden Bände erhält Warner Brothers.

2000   HARRY POTTER AND THE GOBLET OF FIRE erscheint gleichzeitig in den USA und in Großbritannien (Juli); die Universität von Exeter verleiht Joanne K. Rowling die Ehrendok-
torwürde

2001   Die Titel MAGICAL BEASTS AND WHERE TO FIND THEM und
QUIDDITCH THROUGH THE AGES erscheinen; Rowling ver-
zichtet zugunsten von Comic Relief auf ihr Honorar (ebenso Übersetzer, Verlage und Handel); die HARRY-POTTER-
Bücher sind mittlerweile in 47 Sprachen übersetzt, die
weltweite Gesamtauflage aller HARRY-POTTER-Bände über-
steigt 100 Millionen Exemplare; am 22. November kommt
der Film HARRY POTTER UND DER STEIN DER WEISEN in die
deutschen Kinos; am 26. 12. heiratet Joanne K. Rowling den
schottischen Arzt Neil Murray

2002   Am 14. 11. startet die Verfilmung des zweiten HARRY-POT-
TER-Bandes in deutschen Kinos

2003   Geburt von Sohn David (24. 3.); die englische Ausgabe von
HARRY POTTER AND THE ORDER OF THE PHOENIX erscheint
in Großbritannien und den USA mit einer Erstauflage von
13 Millionen Exemplaren; die deutsche Erstauflage (2 Millionen Exemplare) erscheint am 8. 11.; Joanne K. Rowling gilt
als ‚reicher als die Queen‘; der Kinostart der Verfilmung des
dritten Bandes ist für Juni 2004 angekündigt